Ulrich Beckwermert

Wie das Summen der Bienen

Was die Kirche
von Honigbienen lernen kann

Den Ehrenamtlichen
in der Kirche gewidmet.

Ulrich Beckwermert, Jahrgang 1964, studierte Theologie in Frankfurt/Main und Wien und wurde 1990 Priester. Seitdem ist er im Bistum Osnabrück zu Hause. 2001 wurde er Dompfarrer im Osnabrücker Dom, fünfzehn Jahre später Personalreferent. Seit 2020 ist er Generalvikar. Bienen züchtet er schon seit über zehn Jahren. Seine Bienenstöcke stehen im Garten des Priesterseminars in Osnabrück, unweit des Doms.

Ulrich Beckwermert

Wie das Summen der Bienen

Was die Kirche
von Honigbienen lernen kann

BONIFATIUS

Inhalt

„Die Bienen sind das Vorbild zu vielem moralischen Gut und es wird sogar behauptet, dass der Umgang mit denselben den Menschen nur veredele."

Hannoversche Bienenzeitung von 1863[1]

Einleitung

Im Februar 2021 sorgt ein unerwarteter Wintereinbruch für extreme Kälte. In den Nächten geht die Temperatur auf bis zu - 18°C herunter. Tagsüber steigt sie nicht über - 10°C. Der Garten des Priesterseminars Osnabrück liegt unter einer tiefen Schneedecke. Das hat es sehr lange nicht mehr gegeben.

Vor fünf Jahren habe ich hier mit einem befreundeten Imker sieben Bienenvölker aufgestellt. Die Jahreszeiten der vergangenen Jahre waren durch heiße, trockene Sommer und milde Winter bestimmt. Die Bienenvölker haben sich in dieser Zeit gut entwickelt, jedes Jahr gab es eine ergiebige Honigernte.

Jetzt stehe ich im tiefen Schnee vor einem der Bienenstöcke. Es sind zwei übereinander gestapelte braune Holzkästen, die auf einem niedrigen Tisch stehen und durch einen Metalldeckel abgedeckt sind. Der Bienenstock steht im eisigen Wind. Nichts deutet darauf hin, dass in diesem Kasten ca. 3.000 Bienen eine Königin umringen, um sie vor der Kälte zu schützen. Ob sie das bei diesen Temperaturen schaffen? Die Königin muss eine Umgebungstemperatur von circa + 25°C haben, sonst überlebt sie den Winter nicht. Vielleicht hat sie bereits Eier gelegt und mit der Brut begonnen, um die ersten Sommerbienen heranzuziehen.

Die Hoffnung auf den Frühling ist größer als die Angst vor Rückschlägen.

Dafür werden allerdings circa +35°C Wärme benötigt. Eine große und energieaufwendige Herausforderung bei diesem heftigen Frost!

Ich halte mein Ohr ans Flugloch. Um der Bienenkönigin Wärme zu spenden, nutzen die Arbeiterinnen ihre Flügel. Durch die Bewegung ihres Flugapparates, die für uns Menschen als Summen wahrnehmbar ist, erzeugen sie Wärme, und schützen so das Volk und die Königin vor dem Kältetod.

Ich höre kein Summen. Das Volk scheint erfroren. Ich will das nicht glauben und werde unruhig. Ich gehe noch dichter ans Flugloch heran. Eiskristalle haben sich dort gebildet. Die Nacht war wirklich bitterkalt ...

Es gibt einen einfachen Trick, um zu testen, ob im Kasten noch Leben steckt: klopfen. Mit der Faust klopfe ich also zweimal an den Bienenstock. Ich höre ein kurzes Aufbrausen. Sie leben! Durch das Klopfen erschrecken sich die Bienen kurz, weil sie einen Feind befürchten, vielleicht den Specht, Bär oder sonst ein Tier, das den Stock aufbrechen will, um an den Honig zu kommen. Das Volk beruhigt sich rasch wieder. Es gibt keinen Feind und ich beruhige mich auch, weil ich jetzt weiß, dass das Volk lebt. Trotz Frost, Eis und Schnee halten tapfere Bienen ihre Königin sicher und warm geborgen. Ich bin gerührt über das kälteempfindliche Leben mitten Winter.

Ein paar Wochen später stehen die ersten Frühlingstage vor der Tür. Die Temperatur steigt bis +16°C. Die Bienen fliegen aus, sie wollen zu den ersten Frühblühern. Das Volk beginnt nun damit, sich neu aufzubauen. Bald werden es zwischen 50.000 und 60.000 Individuen sein, die mit der Königin einen einzigartige Bienenstaat bilden.

Eine Biene allein vermag nichts. Sie kann nur in einer Gemeinschaft mit anderen Artgenossen leben. Seit ich mich mit den Bienen beschäftige, denke ich oft an Vergleiche zwischen einem Bienenvolk und dem Kirchenvolk.

Und je länger ich darüber nachdenke, desto mehr Parallelen fallen mir da ein. Vor allem die Bienenkästen im tiefen Winter, die so tot und leblos erscheinen, erinnern mich an Kirchen, die an kalten Wintertagen wie große Kästen unbelebt in Städten und Dörfern stehen. Wer daran vorbeigeht, erkennt kein Leben, aber wer sich nähert und „klopft", wird sich wundern, wie viel Leben hinter diesen Türen steckt.

Die Kirche befindet sich momentan im übertragenen Sinne in einem tiefen Winter. Durch den sexuellen Missbrauch Schutzbefohlener sowie den Finanzskandal herrscht innerhalb der katholischen Kirche eine frostige Atmosphäre. Gläubige wie Interessierte haben ihr Vertrauen in die Kirchenleitung verloren, ob nun auf Gemeinde- oder Bistumsebene und vor allem in Bezug auf Rom. Echte Reformen scheinen zudem wie auf Eis gelegt. Die Zahl der Kirchenaustritte steigt und steigt.

Auf den Winter folgt der Frühling. Das ist sicher. Unsicher bleibt jedoch der Frühlingsanfang. Manchmal kann es im Januar bereits so warm werden, dass die ersten Bienen fliegen. Es kann aber auch ganz anders kommen und bis in den April hinein so kalt bleiben, dass die Völker lange Zeit um ihr Überleben kämpfen müssen. Sicher ist nur: Der Frühling wird kommen. Bienen klammern sich an diese Hoffnung bzw. Gewissheit. Das tue auch ich. Ich hoffe darauf, dass die Kirche einen Frühling, einen neuen Aufbruch erlebt.

Die Bienen bereiten sich auf den Frühling vor, indem sie bereits mit der Brut beginnen, wenn es draußen noch winterlich ist. Das ist gewiss nicht ohne Risiko, denn die Brut kann bei Kälte verderben. Aber die Hoffnung auf den Frühling ist größer als die Angst vor Rückschlägen. Diese Zuversicht können wir von den Bienen lernen.

Von den Bienen lernen? – Jesus hat es vorgemacht. Er hat auf die Schöpfung zurückgegriffen, um seine Botschaft zu erklären. *„Lernt etwas aus dem Vergleich mit dem Feigenbaum"* (Matthäus 24,32), sagt er und spricht über das Ende der Welt und was dann neu beginnen wird.

Die Schöpfung hilft uns, die frohe Botschaft Jesu, das Evangelium, besser zu verstehen. Und die Schöpfung zu verstehen hilft, die Kirche und ihren Sendungsauftrag tiefer zu begreifen.

Das laute Summen der Bienen

Im Frühling stehen die Gärten und Parks um den Osnabrücker Dom in voller Blüte. Es beginnt mit den Krokussen. Sie verwandeln unter den kahlen Bäumen den noch grau-braunen Rasen in ein buntes Farbenmeer. Dann folgt die Kirschblüte. Reines Blütenweiß platzt über Nacht aus dunklen Knospen. Endlich Frühling!

Die Schwestern im Priesterseminar haben längst mit der Gartenpflege begonnen, sie bearbeiten nun mit Gartengeräten still den Boden. Der Wochenmarkt vor dem Dom findet unter Linden statt. Diese Bäume werden erst im Juli blühen, aber sie haben bereits ihre ersten Blätter gebildet. Die Märzsonne wärmt die Marktbesucher, die auf bereitgestellten Bänken sitzen und herrliches Gebäck genießen. Kinder toben um sie herum, Hunde rennen hinter ihnen her. Stimmen, Lachen und das Rufen der Marktbeschicker vermischen sich; alles hört sich zuversichtlich und lebensfroh an. Irgendjemand macht Musik und es duftet nach Kaffee. Wer viel Zeit allein verbringt, fühlt sich in dieser Atmosphäre weniger alleine. Der Markt ist für manchen wie ein Zuhause mitten in der Stadt. Viele Menschen kennen sich untereinander, sie rufen sich freundliche Worte zu.

Einige haben es eilig, aber niemand hetzt. Manche bleiben einfach stehen und schauen sich um, um nach ein paar

Metern wieder stehen zu bleiben und sich erneut umzuschauen. Es ist schön hier!

Mittags riecht es nach Erbsensuppe, Würstchen und Fisch, manche kommen auf den Markt, nur um hier zu essen. Von freundlichen Verkäuferinnen und Verkäufern werden Käse, Gemüse, Blumen und nachhaltig erzeugtes Fleisch angeboten.

*

Den Höhepunkt seiner Geschäftigkeit erreicht der Markt im Hochsommer. Neben Hunderten von Marktbesuchern kommen dann Zehntausende Bienen hinzu. Sie sammeln den frischen Nektar der Linden. Die Bäume schützen jetzt den Markt vor der heißen Mittagssonne und spenden mit ihrem Blätterdach kühlenden Schatten. Wer darunter einen Moment stehen bleibt, hört das laute Summen der Bienen. Kinder lassen sich von ihren Eltern im Spiel unterbrechen und die kleinen Marktbesucher hören kritisch nach oben. Ihre Gesichter fangen an zu strahlen, wenn sie das Summen hören. Einige Zweige mit Lindenblüten hängen so tief, dass die Bienen sogar zu sehen sind. Die Kinder nähern sich ihnen; sie ignorieren die Warnungen ihrer Eltern. Zu Recht! Denn die nektarsuchenden Insekten haben jetzt nur eines im Kopf: Linden, Linden, Linden. Niemand wird gestochen.

Die Bienen wissen, dass sie jetzt nur noch ein paar Wochen haben, um den nötigen Wintervorrat zu sammeln. Wenn der nicht ausreicht, werden sie verhungern. Für Marktromantik haben sie daher nichts übrig, bei ihnen geht es schlichtweg ums Überleben. Genau genommen gilt das auch für den Menschen, denn letztlich kommt die Bestäubungsleistung der Bienen direkt der Ernährung der Weltbevölkerung zugute ...

Ohne Bienen fehlte es nicht nur an Honig, auch würde es einen Großteil an Obst und Gemüse nicht geben. Studien[2] zeigen, dass ein komplettes Aussterben der Bienen zu einem Rückgang der weltweiten Früchteernte um fast 23 Prozent führen würde. Die Gemüseernte würde um 16 Prozent zurückgehen und der Rückgang bei Nüssen und Getreide läge bei 22 Prozent. Die Folge: Massiv steigende Lebensmittelkosten würden zu weiterem Hunger in der Welt sowie zu gefährlichen sozialen Unruhen führen. Der Mensch braucht die Biene für seine Zukunft.

Es ist kurz vor 12 Uhr. Die Glocken läuten. Gleich beginnt die Marktmesse. Eine ältere Frau mit einer viel zu tief hängenden Tragetasche voller Gemüse geht in den Dom. Andere sitzen schon länger dort. Hier drin ist es kühl. Ein Obdachloser sitzt in der letzten Bankreihe und ist eingeschlafen, gleichmäßig geht sein hörbarer Atem. Ein junges Paar mit Kinderwagen steht vor einer Marien-Ikone und zündet eine Kerze an. Jemand wirft ein paar Geldstücke in den Opferstock. Darüber ein Schild, „Für die Betroffenen der Hochwasserkatastrophe“. Es klimpert. Am Schriftenstand liegt ein Fürbittbuch aus. Viele haben da bereits hineingeschrieben, manche ihre ganze Wut über die Kirche. Andere drücken in diesem Buch ihre Bewunderung für die Architektur des Doms aus. Wieder andere haben große Not. Jemand schrieb fast unleserlich: „Meine Frau ist krank. Sie wird nicht gesund. Solange schon bitte ich dich, ihr zu helfen. Wir können nicht mehr.“ Ein Kind hat ein Kaninchen ins Buch gemalt. Darüber in Großbuchstaben: DANKE!

Der Mensch braucht die Biene für seine Zukunft.

Die Messe beginnt. Überall sitzen Menschen mit ihren Einkaufstaschen. Es raschelt die ganze Zeit. Der Priester und die Lektorin sind trotzdem gut zu verstehen. Während der Messe herrscht ein Kommen und Gehen. Der Obdachlose wird wach, ruft etwas, einige Besucher drehen sich um. Vielen ist er bekannt, er gehört zum Dom. Die Messe schließt mit dem Segen. Der Organist spielt noch einmal kräftig die Orgel. Es klingt großartig. Einige klatschen dankbar.

Bald nach der Messe schließt auch der Markt. Geübte Hände bauen rasch die Stände ab. Plötzlich ist der Platz am Dom menschenleer. Nur die Bienen sind geblieben. Ihr Dienst und ihr Summen werden noch lange weitergehen. Die volle Lindenblüte verheißt ihnen volles Leben. Ob sie ahnen, dass sie auch anderen ihr Überleben sichern? Erst bei Einbruch der Dunkelheit kehren sie heim. Dann wird es still unter den Linden.

Eine Einladung, Gottes Spuren zu entdecken

„Neben der eigentlichen, in der Heiligen Schrift enthaltenen Offenbarung tut sich Gott auch im Strahlen der Sonne und im Anbruch der Nacht kund." – Papst Johannes Paul II.[3]

Papst Johannes Paul II. hat mit diesen Worten nicht sagen wollen, dass die Bibel Konkurrenz bekommen hat. Die Offenbarungsgeschichte, die mit dem Alten Bund beginnt, hat in Jesus Christus, dem menschgewordenen Wort Gottes, ihren Höhepunkt erreicht. Sie ist niedergeschrieben und als Offenbarungsgeschehen unüberbietbar.

Doch Gott kann sich auf ganz unterschiedliche Art und Weise offenbaren. Eine ist die Schöpfung. Sie ist wie ein Buch, dessen „Buchstaben von der Vielzahl der im Universum vertreten Geschöpfe gebildet werden".[4]

Wenn wir also draußen spazieren gehen, uns in der Schöpfung bewegen, dann gehen wir durch ein riesiges Buch, das von Gott erzählt. Es hat Buchstaben, die so groß sind wie Gebirgszüge und so weit wie der Ozean. Es gibt auch winzige Buchstaben, so klein wie Ameisen, die auf dem Boden kriechen oder als Läuse unter grünen Blättern wohnen. Die Bienen gehören auch dazu. Welche Buchstaben sie bilden und was sie uns über Gott sagen, versuche ich hier einmal festzuhalten.

Dass die Schöpfung und damit auch die Bienen etwas von Gott offenbaren, macht für mich die Beschäftigung mit ihnen noch schöner. Denn im Glauben sprechen wir gern von der Schöpfung, weil sie mehr ist als Natur. Die Natur ist ein hochkomplexes System, dass wir immer mehr durchdringen und uns zunutze machen wollen. Dabei ist mit Hilfe der Wissenschaft schon viel Gutes erreicht worden. Gerade im Bereich der Medizin dürfen wir dankbar sein für die Hilfe, die wir dadurch erfahren.

Durch den menschlichen Eingriff in die Natur ist aber auch schon eine Menge schiefgegangen. Wir stehen vor einem riesigen Müllberg unserer Zivilisation und wissen nicht, wohin damit. Atommüll gehört auch dazu. Jahrzehntelang haben Menschen die Atomkraft nutzen können, doch künftige Generationen werden sich Jahrtausende darum kümmern und darunter leiden müssen.

Zurück zur Schöpfung: Sie ist eine Offenbarung, eben weil sich Gottes Wirken darin offenbart – und sein Wirken ist schlichtweg die Liebe. Als solche ist die Schöpfung ein Geschenk Gottes, auch weil Gott Freude an der Liebe und am Leben hat.

In dem Buch der Sprüche heißt es: „*Der Herr hat die Erde mit Weisheit gegründet*“ (3,19). Dass es also Leben auf der Erde gibt, dass sich Planeten bewegen, dass es regelmäßig Tag und Nacht wird, dass Wasser immer nach unten fließt und Vögel nach oben fliegen können, ist nicht nur eine Frage physikalischer und chemischer Prozesse. Dahinter steht der Gott des Lebens. „*Lobt ihn, Sonne und Mond, lobt ihn, all ihr leuchtenden Sterne, lobt ihn, ihr Himmel der Himmel, ihr Wasser über*

> *Schöpfung ist eine Offenbarung, weil sich Gottes Wirken darin offenbart.*

dem Himmel! Loben sollen sie den Namen des Herrn, denn er gebot und sie waren geschaffen" (Psalm 148,3–5).

Es lohnt sich, sich auf den Weg zu machen, in das riesige Buch der Schöpfung Gottes, um darin zu lesen. Diesen Ausflug in die Schöpfung hat der Dichter und evangelische Pfarrer Paul Gerhardt besonders eindrücklich beschrieben. Er wurde 1607 geboren und obwohl er sehr unter dem Schrecken und der Not des Dreißigjährigen Krieges litt, hat er hoffnungsvolle und zuversichtliche Gedichte und Lieder geschrieben.

Nach dem Krieg hält sich Gerhardt in Berlin auf. Berlin wird durch frische gepflanzte Alleen („Unter den Linden") und neu angelegte „Gärtenzier" wieder zu einer schönen Stadt, die anfängt, mehr und mehr aufzublühen. Und das im wahrsten Sinne des Wortes, denn in Berlin und landesweit werden Blumen gepflanzt. *„Narzissen und die Tulipan"* nennt Paul Gerhardt sie in seinem Gedicht „Geh aus mein Herz und suche Freud". Die Tulpe war erst wenige Jahrzehnte zuvor aus der Türkei importiert worden und nach Westeuropa gelangt.

Das Gedicht von Paul Gerhardt ist längst vertont und gehört seit Langem zum Liedgut der evangelischen und katholischen Kirche. *„Geh aus, mein Herz …"*, so lautet die Einladung des Dichters, Gottes Spuren in der Schöpfung zu entdecken. Selbst die Bienen gehören für ihn dazu:

„Geh aus, mein Herz, und suche Freud
in dieser lieben Sommerzeit
an deiner Gottes Gaben.
Schau an der schönen Garten Zier,
und siehe, wie sie mir und dir
sich ausgeschmückt haben.

Die Bäume stehen voller Laub,
das Erdreich decket seinen Staub
mit einem grünen Kleide.
Narzissus und die Tulipan,
die ziehen sich viel schöner an
als Salominis Seide.

Die unverdrossne Bienenschar
fliegt hin und her, sucht hier und da
ihr edle Honigspeise;
Des süßen Weinstocks starker Saft
bringt täglich neue Stärk und Kraft
in seinem schwachen Reise."[5]

Letztlich ist Schöpfungserfahrung nichts anderes als Gotteserfahrung. *„Denn aus der Größe und Schönheit der Geschöpfe wird in Entsprechung der Schöpfer erschaut*", heißt es daher auch im Buch der Weisheit (13,5). Das riesige Buch der Offenbarung Gottes ist aufgeschlagen. Wir brauchen nur hinzusehen und unser Herz dafür zu öffnen, wie beispielsweise der Fleiß und die Klugheit der gut organisierten Bienen uns von Gottes Größe und Herrlichkeit erzählen.

Gutes Wohnen bedeutet ein gutes Leben

Die Westliche Honigbiene (Apis mellifera) ist eine von aktuell 20.255 bekannten Bienenarten.[6] Seit Jahrtausenden werden Honigbienen von Menschen neben Schweinen, Rindern und Pferden als Nutztier gehalten. Doch ähnlich wie sich bei der Viehhaltung und -zucht Haltungsformen verändert haben, geschah dies auch bei der Produzentin für Honig und Wachs durch den Einfluss des Menschen. Unter anderem wird das deutlich an der Entwicklung der Bienenbehausung.

Von Natur aus brauchen Bienen ganzjährig eine wetter- und winterfeste Unterkunft. Ursprünglich waren es Baumhöhlen mit einem Volumen von circa 60 Litern, die Bienen aufsuchten, um darin ihr Volk anzusiedeln. Bäume bieten dafür ein sicheres Quartier; hier ist es trocken und das starke Holz schützt sie zudem vor Fressfeinden.

Als der Mensch die Bienen aus dem Wald in seine Nähe holte, bot er den Völkern zunächst ausgehöhlte Baumstämme an, die „Klotzbeuten" oder „Klotzstülper" genannt werden. Diese künstlichen Bienenwohnungen waren allerdings sehr schwer und ziemlich unbeweglich. Daneben entwickelte sich als Form der Behausung die Variante der meist aus Roggenstroh geflochtenen

Bienenkörbe. Sie waren wesentlich leichter und konnten so gegebenenfalls auch dahin bewegt werden, wo eine gute Honigernte zu erwarten war.

Ein wichtiger Schritt im Hinblick auf die Bienenzucht war im 19. Jahrhundert die Entwicklung von beweglichen Holzrahmen im Bienenstock. An diese konnten die Bienen ihre Waben bauen, die mit Honig, Pollen oder Brut gefüllt werden. Sie hängen in einem Kasten, der von oben geöffnet werden kann. So ist es dem Imker zur Honigernte möglich, gezielt Waben aus dem Bienenstock zu entnehmen und sie nach Sichtung oder dem Schleudern wieder einzusetzen. Außerdem lassen sich schadhafte oder alte Waben ohne Aufwand entfernen und durch neue ersetzen. Die Stockpflege wurde durch die Rahmen erheblich vereinfacht.

Bienenkästen, die von oben geöffnet werden können, sind heutzutage sehr verbreitet und heißen „Oberbehandlungsbeuten“ oder „Magazinbeuten“. Sie bestehen aus einer oder mehreren aufeinander gestellten sogenannten Zargen. In einer komplett gefüllten Zarge können bis zu zehn Rähmchen, also Waben, hängen. Die Bienenkästen stehen ganzjährig einzeln oder nebeneinander draußen auf einem niedrigen, stabilen Gestell. Sie benötigen kein Bienenhaus als Wetterschutz, da sie neben einem Holzdeckel durch eine Metallabdeckung gegen Witterungseinflüsse geschützt sind. Es gibt auch Magazinbeuten, die aus Styropor gefertigt sind. So prägte im Verlauf der Zeit der Eingriff des Menschen in besonderem Maße das Wohnen der Bienen.

Gutes Wohnen bedeutet gutes Leben.

Bei den Wildbienen verhält es sich anders. Sie hielt man nicht als Nutztiere. Doch auch sie sind sehr nützlich, da sie ebenfalls einen erheblichen Beitrag zur Bestäubung von Pflanzen leisten.

Zu den Wildbienen gehören übrigens auch die Hummeln. Sie lassen sich über drei Jahreszeiten (Frühjahr, Sommer und Herbst) in der Natur beobachten. Dabei sind sie der Honigbiene noch am ähnlichsten, weil sie ebenfalls als Volk existieren. Allerdings nur für ein paar Monate im Sommer und als sehr kleine Völker. Der Staat der „Dunklen Erdhummel" beispielsweise zählt lediglich an die 600 Individuen, die im Herbst einschließlich der Königin vergehen. Nur die Jungköniginnen überleben und suchen sich ein geeignetes Winterquartier, das sie im Frühjahr wieder verlassen, um ein neues Volk aufzubauen. Bereits Anfang März lassen sich vereinzelt die „dicken" Hummelköniginnen beobachten, wie sie bei niedrigen Frühlingstemperaturen behäbig und mühsam die ersten Blüten aufsuchen. Da gönnt man ihnen geradezu ihren warmen „Pelzmantel", den sie „tragen" und der es ihnen ermöglicht, bereits bei etwa +4°C ihr Winterquartier zu verlassen. Würde allerdings eine Honigbiene bei dieser Temperatur zur Nektarsuche aus dem Stock fliegen, wäre das ihr sicherer Tod.

Wildbienen leben solitär, das heißt, sie bilden keine Staaten, sondern bleiben allein. Das ist der große Unterschied zur Honigbiene. Wildbienen bauen zu ihrer Vermehrung an geeigneten Orten einzelne, kleine Brutzellen. Sie polstern sie ein wenig aus, füllen sie mit Nektar und Pollen und legen ein Ei hinein. Dann wird alles sorgfältig verschlossen. Später schlüpft daraus eine neue Wildbiene, die das einsame Leben ihrer Vorfahren fortsetzt. Ein Solitärbienenweibchen lebt circa ein bis zwei Monate und sorgt für 10 bis 30 Nachkommen.

Immer häufiger werden Nisthilfen für solitäre Wildbienen angeboten, selbst in Supermärkten. Mit diesem Geschäftsmodell wollen sich Verkaufskonzerne mit Begriffen wie „biologisch" und „nachhaltig" schmücken.

Dabei ist es selbst ganz einfach, den Wildbienen mit einer ausgedienten Blechdose einen neuen Nistraum zu schaffen. Es genügen ein paar Bambus- oder Schilfhalme, die gebündelt in die Dose gesteckt werden. Wenn dann noch eine kleine Sandfläche zur Verfügung gestellt wird und etwas Wasser, können sich dort Wildbienen zu schaffen machen. Gern nutzten sie Sand oder Lehm, um damit ihre Brutzellen zu verschließen. Auch ein abgestorbener Ast oder ein toter Obstbaum bieten reichlich Nistplätze für Wildbienen. Jeder lebendige Garten lebt davon, dass es dort ausreichend „Totholz" gibt. Und letztlich gilt: Ist die „Wohnungsfrage" der Wildbienen gut geregelt, können sie sich dort vermehren und sind für die Natur und den Menschen nützlich.

*

Der Verfasser des 84. Psalms hatte einen guten Blick für die Behausung der Tiere inmitten von Gottes Schöpfung: *„Auch der Sperling fand ein Haus und die Schwalbe ein Nest, wohin sie ihre Jungen gelegt hat"* (V. 4). Der Psalmist überträgt anschließend seine Wahrnehmung auf das Haus Gottes, den Tempel: *„Wie liebenswert ist deine Wohnung, du Herr der Heerscharen (...) Selig, die wohnen in deinem Haus, die dich allezeit loben (...) Ja, besser ist ein einziger Tag in deinen Höfen als tausend andere. Lieber an der Schwelle stehen im Haus meines Gottes, als wohnen in den Zelten der Frevler"* (V. 2+5+11).

Mit anderen Worten: Gutes Wohnen bedeutet gutes Leben. Wo das dem Menschen und allem, was in der Natur lebt, ermöglicht wird, geht die ganze Schöpfung ihrer Vollendung entgegen.

Es gibt Menschen, die durch Armut oder Naturkatastrophen ihre Wohnmöglichkeit verloren haben. Wer gibt ihnen Hoffnung? Die Kirche und mit ihr die Wohltätigkeitsorganisationen sind durch das Evangelium in der Pflicht, gutes Wohnen den Menschen ohne Obdach zu ermöglichen. Solange sie keinen Wohnraum haben, haben sie auch keinen Raum für gutes Leben. Der Psalm über das gute Wohnen schließt mit den Worten: *„Herr, der Heerscharen, selig der Mensch, der auf dich seine Hoffnung setzt“* (V. 13).

Wenn es um die Wohnungssuche geht, darf niemand ohne Hoffnung sein. Solange wir den Bienen eine Wohnung bieten und sie darin leben wie überleben können, ist eine wichtige Voraussetzung erfüllt, dass die Schöpfung bewahrt bleibt. Denn bleibt die Schöpfung im Gleichgewicht, kann der Mensch in ihr leben, und die Voraussetzung für ein gutes Wohnen für alle ist erfüllt.

Die Natur hat ihren Beitrag für ein gerechtes und würdiges Wohnen längst erbracht. Jetzt ist der Mensch gefragt, gutes Wohnen für alles, was lebt, wieder mehr zu ermöglichen und zu fördern.

Stockdunkelziffer

Viele meinen, Bienen sammeln Honig. Das ist streng genommen nicht richtig. Sie sammeln Nektar. Das ist eine zuckerhaltige Flüssigkeit, die von Pflanzen gebildet wird und sich in den Blüten befindet. Mit ihm lockt die Pflanze Insekten an, damit diese gleichzeitig bei der Nektaraufnahme den Pollen dieser Pflanze zu Blüten gleicher Art transportieren. So hilft die Biene mit, die Pflanzen zu befruchten, denn nur aus befruchteten Blüten wachsen später Kirschen, Äpfel, Birnen und vieles mehr.

Der Wassergehalt des Nektars liegt zwischen 40 und 70 Prozent. Honig sollte weniger als 18 Prozent haben, sonst fängt er an zu gären und verdirbt. Nur der Heidehonig darf 21 Prozent Wasseranteil haben.

Kehrt eine Biene mit ihrem gesammelten Nektar zum Stock zurück, hat sie ihm unterwegs bereits Enzyme beigemischt. Diesen angereicherten Nektar gibt sie dann an eine andere Biene weiter, die dem Nektar ebenfalls weitere Inhaltsstoffe zuführt. Der Blütensaft passiert also erst mehrere Bienen, ehe er in der Wabe gelagert wird.

In der Wabe befindet sich nun eine verarbeitete Flüssigkeit mit zahlreichen Enzymen, Antioxidantien, Aminosäuren und Vitaminen. Durch das Flügelschlagen der Bienen auf den Waben wird nun ein Belüftungs- und Verdunstungsprozess aktiviert, der den Honig „trocknet" und ihm das Wasser entzieht. Wenn der Wassergehalt zum Schluss optimal bei 17 bis 18 Prozent liegt, verschließen die

Bienen die Wabenzelle mit einem Wachsdeckel. Aus Nektar ist nun Honig geworden.

Dem sprichwörtlichen Bienenfleiß begegnet man also nicht nur beim Sammeln des Nektars, sondern ebenso bei der Honigverarbeitung im dunklen Stock. Schaut man sich dann noch einmal den Bau der Bienenwaben sowie die gesamte Stockreinigung- und pflege genauer an, stellt man fest, dass der größte Teil des Bienendienstes im Verborgenen geschieht. Wären die Bienen allerdings nur darauf bedacht, den sichtbaren Teil ihrer Arbeit zu verrichten, also auszufliegen, würde es am Ende nur bei einer wässrigen Zuckerlösung bleiben. Das Wesentliche ihres Dienstes, der kostbare Honig, entsteht allerdings im „Stockdunkeln", wo wir die „Arbeiterinnen" oft nicht sehen.

Der Honig reift, wo es stockdunkel ist.

Interessanterweise hält sich eine Arbeitsbiene auch ihre ersten 20 Lebenstage überwiegend im Stock auf, wo sie in strikter Arbeitsteilung ihrem Volk dient – mit Putzen, Ammendiensten, Wabenbau, Honigbereitung und Wächterdienst. Erst dann wird die Stockbiene zur Flugbiene und „öffentlich".

*

Wenn ich mir dieses Bild der Arbeitsbienen in einem Bienenstock vor Augen führe, kommen mir Menschen in den Sinn, die über Jahre im Verborgenen ihre Dienste tun. An Orten, wo wir oft im Alltag nicht schnell hinsehen. Sie pflegen jemanden in seinen oder ihren eigenen Wänden, sie machen Besuchsdienste und stehen Einsamen mit einem offenen Ohr und oft auch ganz praktisch zur Seite. Sie sind da, kümmern sich und packen liebevoll überall dort mit an, oft ganz selbstverständlich, wo gerade eine große Not herrscht. Während der ersten Welle der Coronapandemie war die „Dunkelziffer" dieser Hilfsbereitschaft besonders hoch. Menschen, die mit ihrem Dienst nicht bei wässrigen Versprechungen bleiben, sondern Bedürftigen in unserer Gesellschaft wieder kräftigen Geschmack am Leben geben.

Manchmal ärgere ich mich über die Ehrung von Personen, die im Lichte des öffentlichen Lebens stehen. Sie erhalten ihre dritte oder vierte Anerkennung, weil sie wieder einmal einem bestimmten Projekt vorstanden oder eine besondere Idee hatten. Ja, ich gönne ihnen die Preise und manchmal können sie sich selbst ja auch gar nicht gegen die Nominierungen wehren, was einige am liebsten sicher tun würden, weil ihnen selbst die plötzliche Aufmerksamkeit zu viel oder zu groß ist.

Aber wer ehrt die, die über Jahre in abgedunkelten Zimmern mit viel Kraft und in großer Treue ihre kranken Angehörigen pflegen? Ich habe als Priester viele von ihnen bei meinen Hausbesuchen kennengelernt. Vielleicht gelingt es uns in Zukunft mehr, sie wahrzunehmen und ihnen so unsere Anerkennung zum Ausdruck zu bringen. Sie erinnern mich daran, dass ganz Wichtiges nicht nur in der Öffentlichkeit geschieht, sondern mindestens genauso viel – oder mehr – im Verborgenen. In Kirchengemeinden beispielsweise leisten Besuchsdienste Großartiges, weil sie sich Menschen zuwenden, die oft schon über Jahre aus dem Blickfeld der Gesellschaft gefallen sind und die kaum noch Besuch bekommen.

Der Honig reift, wo es stockdunkel ist. Aus eigener Erfahrung weiß ich, die „Stockdunkelziffer" der hilfsbereiten Frauen und Männer in Kirchengemeinden ist hoch. Wir sollten, ähnlich wie beim Honig, dieses volle Gefäß an Einsatzbereitschaft, Liebe und Hingabe wieder öfter auf den Tisch stellen, denn es ist ein Ausdruck davon – da bin ich mir sicher –, dass hier unsere Gesellschaft am Reifen ist.

Den Mund bitte mal voll nehmen

Menschen, die den Mund voll nehmen, können unangenehm sein. Nehmen sie nämlich den Mund zu voll, sind sie nicht glaubwürdig und werden auch nicht mehr ernst genommen. Vielleicht müssen einige jetzt gerade an jemanden denken, dem sie mal vertraut haben, der sie dann aber mit seinen vollmundigen Versprechen enttäuscht hat.

Ich denke an den heiligen Ambrosius von Mailand. Auch er hatte den Mund ganz voll genommen. Bei ihm aber verhielt sich die ganze Sache mit dem Mund anders. Er hat nämlich niemanden enttäuscht, sein Mund war vielmehr voller Segen!

Ambrosius wird im Jahre 339 n. Chr. in Augusta Treverorum, dem heutigen Trier, geboren. Da seine Eltern wohlhabend sind, kann er eine Schule besuchen und danach studieren. Ambrosius schließt das Studium erfolgreich ab und wird Anwalt. Sein Verhandlungsgeschick in komplizierten Rechtsfällen spricht sich rasch herum und Ambrosius wird in den gehobenen gesellschaftlichen Kreisen ein geschätzter, gefragter und überall bekannter Mann.

Dann passiert das für ihn völlig Unerwartete: Er wird zum Bischof gewählt. Diese Wahl erschreckt ihn, da er als Katechumene erst noch in der Vorbereitung auf die Taufe ist. Ambrosius will einfach nur Christ werden, nicht aber

Bischof. Doch der Kaiser, seine Berater und das Volk wollen den klugen und angesehenen Mann unbedingt in dieses geistliche Amt heben. Ambrosius wird innerhalb einer Woche getauft sowie zum Diakon und Priester geweiht. Und schließlich am 7. Dezember 374 n. Chr. wird Ambrosius Bischof von Mailand.

Seine Amtszeit ist gekennzeichnet von großen Spannungen in der Kirche. Es geht dabei um die Lehre von der wahren Gottheit und Menschheit Christi. Diskutiert wird darüber, ob Jesus wirklich Gott gleich ist oder ob er von Gott geschaffen wurde. Das war damals keineswegs nur eine Frage der Theologen. Auch innerhalb der Bevölkerung wurde über sie gestritten; manchmal kam es dabei sogar zu gewaltsamen Auseinandersetzungen.

Hier ist es der sehr geschätzte Ambrosius, der die Grundaussagen des Konzils von Nicäa, das bereits im Jahre 325 n. Chr. getagt hatte, gut erklären kann. Nicäa lag in der Stadt Iznik in der heutigen Türkei. Damals trafen sich dort mehr als 200 Bischöfe, die um die Frage nach der Göttlichkeit Christi stritten: Ist Jesus wirklich der Sohn Gottes, der wesensgleich mit seinem Vater im Himmel ist? Das Konzil legte den Grund für das Glaubensbekenntnis der Kirche, das bis heute von Gläubigen auf der ganzen Welt gesprochen wird:

„Wir glauben an den einen Gott, den Vater, den Allmächtigen … Und an den einen Herrn Jesus Christus, Gottes eingeborenen Sohn, aus dem Vater geboren vor aller Zeit, Gott von Gott, Licht vom Licht, wahrer Gott vom wahren Gott, gezeugt, nicht geschaffen, eines Wesens mit dem Vater … Wir glauben an den Heiligen Geist, der Herr ist und lebendig macht, der aus dem Vater und dem Sohn hervorgeht, der mit dem Vater und dem Sohn angebetet und verherrlicht wird.“[7]

Als Ambrosius die Theologie des Konzils erklärte, nahm er den Mund nicht voll, weil er nicht von sich selbst redete oder seine eigenen Ideen präsentierte. Er verkündete, was die Kirche bis dahin vom Glauben an den dreifaltigen Gott verstanden hatte. Ambrosius glaubte der Gemeinschaft der an Christus Glaubenden, die in den Beschlüssen des Konzils von Nicäa einen Ausdruck gefunden hat. Damit füllte er seinen Mund. Und so berichtet die Legende: Als Ambrosius noch ein Kind war, soll sich ein Bienenschwarm auf sein Gesicht niedergelassen haben. Es wird erzählt, dass die Bienen sogar in den Mund des Kindes eingedrungen sind und ihn mit Honig gefüllt hätten.

Wer den Mund voll Bienen und Honig hat wie Ambrosius, ist ein Heiliger, weil er nicht sich selbst verkündigt, sondern das, was ihm in den Mund gelegt wurde, nämlich Gottes Wort, das stärkt und köstlich ist wie Honig.

Den Mund voll nehmen, das ist also nicht das Problem. Wenn es Ermutigung und Wertschätzung, wenn es Klärung und Stärkung für andere bedeutet, ist es ein Segen. Wer aber den Mund voll nimmt, um nur von sich zu reden und die eigene solitäre Weltsicht zur Geltung zu bringen, ohne andere zu hören, verbereitet alles andere als Segen.

*

Die Kirche weiß schon sehr lange, wie gefährlich es für Menschen sein kann, den Mund zu voll zu nehmen. Darauf zu warten, dass dem Gläubigen wie bei Ambrosius der Mund durch einen Bienenschwarm mit reichlich Honig gefüllt wird, ist wohl aussichtslos. Daher möchte ich auf ein Wort des Gebets hinweisen, mit dem die Kirche ihr tägliches Gebet eröffnet. Es ist ein uraltes Wort aus dem 51. Psalm, Vers 17: *„Herr, öffne meine Lippen, damit mein Mund*

Gott bleibt der Gegenwärtige, auch wenn wir an seiner Gegenwart zweifeln.

dein Lob verkünde."[8] – Jeden Morgen beginnt die Kirche ihr Gebet mit dieser Bitte. Dahinter steht die Erkenntnis, dass der Gläubige aus eigenem Vermögen gar nicht beten kann. Nur Gott selbst kann dem, der beten möchte, die Lippen öffnen, um seinen Mund mit dem Lob Gottes zu füllen.

Jedes Gebet und jeder Gottesdienst ist also bereits gottgewirkt. Selbst das Gebet, das voll der Anklage und Enttäuschung Gott gegenüber ist, kann nur gebetet werden, weil Gott die Lippen des Klagenden öffnet:

Gott, was um mich her
– mit mir – geschieht,
ich sehe keinen Sinn darin.
(...)
Mein Herz!
Mit Bitternis ist es gefüllt.
Worte, meine Gebete,
so ist es mir,
prallen ab von deinem Thron
fallen ins Leere.
Mein Hoffen ist verloren!
Ich gehe verloren!
Gott, wie hältst du das aus?
(...)
In meiner Seele
ist tiefes Erschrecken.
Sie schreit – kämpft – lauscht –
dem Morgen entgegen.
Wo bist du?
Irmgard Powierski[9]

Auch davon können unser Herz und Mund voll sein – von einer unendlich großen Enttäuschung Gott und den Menschen gegenüber. Der Betende aber darf darauf vertrauen, dass er nur deshalb so beten kann, weil Gott ihm die Lippen geöffnet hat. Gott bleibt der Gegenwärtige, auch wenn wir an seiner Gegenwart zweifeln. Unser Suchen und kritisches Fragen sind ihm kein Grund, uns zu verlassen. Sicher nicht. Vielleicht ist er uns sogar in solchen Momenten großer Verunsicherung und Verzweiflung noch viel näher als in Zeiten tiefer Glaubensgewissheit.

Ambrosius starb am 4. April 397 n. Chr. Der Tag seiner Bischofsweihe, der 7. Dezember, ist sein Gedenktag. Vielen Gläubigen ist er nicht nur als guter Seelsorger und Prediger in Erinnerung geblieben. Vor allem erinnern sie sich gern an die Erzählung von den Bienen, die seinen Mund mit Honig füllten. So ist Ambrosius Patron der Imker und Wachszieher geworden und der 7. Dezember ist heute der Tag des Honigs.

Wer den heiligen Ambrosius in einer Kirche sucht und ihn unter den vielen anderen Heiligendarstellungen, die dort abgebildet sind, nicht findet, der achte einmal auf Bienenkörbe. Wo die stehen, ist Ambrosius nicht weit.

„Heiliger Ambrosius, bitte für uns."

Das Konzert der Bienen

Bienen lieben Städte. Wer hätte das gedacht? Hier geht es ihnen oft besser als auf dem Land. Der Grund liegt im Gebrauch von Pestiziden in der Landwirtschaft.

Mal angenommen, ein Bienenvolk entdeckt ein großes Rapsfeld. Da dauert es nicht lange, bis sich die Botschaft der Kundschafterbienen bei den Flugbienen herumspricht und schon stürzt sich das Bienenvolk auf die nektarreichen Blüten. Bienen lieben Raps. Der Raps und mit ihm die Landwirte mögen aber den sogenannten Rapsglanzkäfer nicht. Dieser zerbeißt die Blütenknospen des Raps und schädigt die Pflanze. Es wird daher gespritzt. Doch der Einsatz von Neonicotinoiden in der Rapsblüte hat nicht nur dem Schädling geschadet, sondern auch den Bienen. Ihre Gesundheit wurde dadurch schwer belastet und selbst im Honig wurden Rückstände des Pestizids nachgewiesen. Schon ganze Völker verendeten daran und ihr Honig war unbrauchbar.

Das hat sich mittlerweile deutlich gebessert. Eine wachsende Mehrheit der landwirtschaftlichen Betriebe zeigt den Bienen gegenüber eine hohe Sensibilität und Rücksichtnahme. In weiten Teilen Deutschlands entdecke ich zunehmend an großen Feldern sogenannte Blühstreifen mit Phacelia (auch „Bienenfreund" oder „Bienenweide" genannt), die reich an Pollen und Nektar sind. Auch sehe ich riesige Sonnenblumen, die im Sommer die Bienen nähren sowie im Herbst die Vögel und kleine Nagetiere. Dank solch einer Landwirtschaft wird ein Feld zum Fest für die Schöpfung!

Schwierig wird es für Bienen allerdings, wenn über große Strecken Monokulturen angebaut werden und die Fluginsekten stets kilometerlange Strecken zu ihren Futterplätzen zurücklegen müssen.

Es klingt nach Leben.

Da ist das Angebot in der Stadt eine echte Alternative. Dort finden Bienen in Alleen (Linden), Stadtbäumen (Robinie, Kastanie), Parks, Friedhöfen, Kleingärten und zahlreichen Balkonkästen ein vielfältiges Blütenangebot, das sie einen ganzen Sommer versorgen kann. Die Pestizidbelastung ist hier deutlich geringer als auf dem Land und durch eine zunehmende Dachbegrünung auf öffentlichen und privaten Gebäuden wächst das Angebot für die Bienen jährlich weiter an.

Eine Stadtimkerin aus Berlin schreibt über ihre Erfahrungen: *„Der Honig, den ich Anfang Mai ernte, schmeckt vor allem nach Ahorn und Kastanie. Er ist würzig und dunkelgelb. Vier Wochen später wird der Robinienhonig geerntet, er ist durchsichtig und sehr mild – in ihm kommt der Frühsommer zum Ausdruck. Wieder vier Wochen später kommt der Lindenhonig, der sehr würzig schmeckt und in dem auch der Nektar des Götterbaums enthalten ist. Wenn ich alle Sorten nebeneinander betrachte, staune ich über die Vielfalt. Jeder Geschmack weist auf eine andere Stimmung in der Stadt hin.“*[10]

*

Dass Bienen die Stimmung einer Stadt wiedergeben können, stimmt. Ich erlebe auch, dass Bienen die Stimmung eines Ortes sogar prägen können. Der Innenhof des Kreuzgangs am Osnabrücker Dom mit dem Domherrenfriedhof ist eine ruhige und grüne Oase mitten in der Stadt. Der Lärm durch Autos oder Großveranstaltungen reicht hier kaum hin. Hier ist es still. Aber wenn es dort blüht, wird der ganze Raum von einem großen Summen erfüllt. Dann wird aus der Friedhofsstille ein Open-Air-Konzert mit geschätzten 5.000 Musizierenden.

Da der Schall im Innenhof an den Wänden widerhallt, entsteht ein leichtes Echo. Das Summen wird lauter und leiser, der ganze Raum vibriert. Ist da eine Melodie zu erkennen?

Menschen, die zufällig vorbeikommen, bleiben stehen und lauschen mit geschlossenen Augen. Das Konzert der Bienen hat den Friedhof verändert. Es klingt nach Leben. Dom und Stadt verdanken den Bienen eine gute Stimmung. Auf dem Land wird es hoffentlich bald wieder genauso sein.

Königlicher Luxus

Ein Bienenstock ist eine hochkomplexe und gut gesicherte Konstruktion. Sein Äußeres besteht vorzugsweise aus Holz. Das Flugloch ist so angelegt, dass es einerseits den Bienen einen ungehinderten Ein- und Ausflug ermöglicht, andererseits darf es nicht zu groß sein, damit der Stock gegen Feinde wie Wespen und Hornissen gut verteidigt werden kann. Auch der innere Aufbau eines Bienenstocks ist durchdacht. Die begehrten Randwaben befinden sich nämlich weit entfernt vom Flugloch. Schließlich sollen eventuelle Eindringlinge den Honig, der darin gelagert wird, nicht so schnell finden.

Auch logistisch hat der Bienenstock ein Konzept: In der Mitte des Bienenstocks wird die neue Brut aufgezogen. In unmittelbarer Nähe dazu werden die Pollen gelagert, die als Nahrung das nötige Eiweiß für den Nachwuchs enthalten. Das erspart den Bienen lange Wege und Zeit.

Die Bienen stellen die Waben selbst her. Aus speziellen Drüsen am Hinterleib schwitzen sie das Wachs gleichmäßig aus. Damit die Wabe senkrecht nach unten hängt, bilden die Bienen beim Wabenbau ihr eigenes Lot, indem sie sich an einem Rahmen aneinanderketten und nach unten hängen lassen. Die einzelnen Wabenzellen werden leicht nach oben hin angewinkelt gebaut, sodass die Oberflächenspannung des Nektars genügt, um nicht herauszufließen.

Luxus gibt es im Bienenstock zwar nicht, aber weil alles so genial durchdacht ist, leben die Bienen dort in großer

Sicherheit sowie verlässlicher Gemeinschaft, und für Nahrung und Vorräte ist bestens gesorgt. Und doch gönnen sich Bienen etwas besonders Kostbares: „Gelée royale", das königliche Gelee. Es besteht überwiegend aus Wasser, Zucker, Proteinen und Fetten. Es enthält aber auch eine hohe Konzentration an Vitaminen der B-Gruppe in Kombination mit u. a. Magnesium, Zink, Kupfer, Eisen, Chrom und Kalium. Verbunden mit weiteren organischen Säuren ist es sozusagen ein antibiotisches Luxusgetränk!

Bienen bilden es in ihren Schlunddrüsen, aber nur für kurze Zeit – zwischen dem 6. und 12. Lebenstag ihres im Sommer nur wenige Wochen währenden Lebens. Denn ob aus einem Ei, das die Königin legt, eine Arbeiterin oder neue Königin wird, hängt davon ab, wie die Larven gefüttert werden. Zunächst bekommen alle Bienen während der ersten Tage als Larven etwas vom Gelée-Luxus. Anschließend gibt es für die meisten nur noch einfache Mahlzeiten, bestehend aus Pollen und Nektar. Diese kurzzeitige Gelée-royale-Gabe bewirkt, dass eine Biene in ihrer 21-tägigen Entwicklung vom Ei zu einer Arbeitsbiene wird.

Damit aber aus einem Ei eine Königin heranwächst, wird die Larve nicht nur für ein paar Tage, sondern fortwährend mit dem königlichen Saft gefüttert. So kann die Königin bereits nach 16 Tagen schlüpfen und sie steht dem Volk bald nach ihrer Besamung zur Verfügung. Insofern ist die Luxus-Gabe des Gelée royale nicht nur etwas Besonderes, sondern vor allem notwendig, sonst gäbe es keine Königin, die durch ihre regelmäßige Eiablage die Zukunft ihres Volkes sichert.

*

Luxus und Kirche sind zwei getrennte Paar Schuhe. Luxus passt vor allem nicht zum Leben Jesu, einem Wanderprediger ohne Eigenheim. Deshalb werden Prunk und

Luxus in der Kirche kritisiert. Zu Recht! Maßstab kirchlichen Handels ist das Evangelium, das die ungerechte Verteilung der Güter und Reichtum, der zur Armut für andere führt, verurteilt. So heißt es denn auch gleich zu Beginn im Lukasevangelium, im Magnifikat, dem Lobgesang Marias: *„Die Hungernden beschenkt er mit seinen Gaben und lässt die Reichen leer ausgehen“* (1,53).

Der Finanzskandal in der katholischen Kirche im Jahre 2010 hat gezeigt, dass es eine hohe Sensibilität in der Bevölkerung gibt, wenn eine Kirchenleitung, die ihre Gläubigen regelmäßig durch Kollekten zum Teilen mit anderen aufruft, selbst durch einen aufwendigen Lebensstil auffällt. Letztlich passt dieses Bild einer reichen Kirche, die nicht sorgsam und gesund mit dem ihr anvertrautem Kapital umgeht, mit der einfachen Lebensweise, die aus dem Evangelium verkündigt wird, nicht zusammen. Und dennoch, selbst abseits solcher Skandale, fragt sich manch einer: Warum eigentlich erlaubt sich Kirche Luxus, um Glauben zu feiern?

Genau genommen braucht es eigentlich keine Kirchenräume. Gottesdienste können auch in Mehrzweckhallen gefeiert werden und im Sommer reicht eine bestuhlte Wiese mit einem großen Tisch aus. Die Bistümer würden durch die wegfallenden Unterhaltskosten für Kirchen über die Jahre viele Millionen sparen. Auch Kelche und Messgewänder sind nicht notwendig, um Liturgie zu feiern. Jesus selbst hat seine eucharistische Gegenwart an Brot und Wein gebunden, nicht an Gold und kostbare Strickereien. Zur Feier der Messe braucht es weder eine Orgel, die ein Vermögen kosten kann, noch Kirchenchöre, die in großen Kirchengemeinden sogar durch bezahltes Personal geleitet werden. Und ... und ... und ...

Kirche gönnt sich das alles. Sie leistet es sich, weil dadurch etwas von Gottes Größe und Herrlichkeit sichtbar wird, was durch Worte nicht mehr auszusagen ist. Kunst, die sich durch Musik, Malerei und Architektur ausdrückt, mag ein Luxus sein, aber sie ist notwendig, wo die Macht und Kraft von Katechese, Predigt und Vortrag begrenzt ist. Denn immer wieder berichten Menschen davon, wie sie ein Kunstwerk, ein Musikstück oder ein liturgischer Raum derart angesprochen hat, dass es sie zum Glauben – zumindest zum Nachdenken über den Glauben – geführt hat.

Und Jesus? Hat er tatsächlich auf jeglichen Luxus verzichtet? Als er bei einem Hausbesuch in Betanien zu Tisch lag, so berichtet die Bibel (Markus 14,3–9), kam eine Frau zu ihm und salbte seine Füße mit kostbarem Nardenöl. Er hätte es verbieten müssen, weil man es hätte *„um mehr als dreihundert Denare verkaufen und das Geld den Armen geben können"*. So formulieren es im Evangelium seine Kritiker. Aber Jesus stellt klar, dass die Geste der Frau bereits auf das hinweist, was kommen wird: das Begräbnis Jesu. Jesus wird sterben, damit andere leben können. Nichts konnte das in diesem Augenblick deutlicher machen, als die Füße Christi mit kostbarem Nardenöl zu salben.

Manchmal braucht es dieses nicht Notwendige, um das Notwendige, was die Not wendet, zum Ausdruck zu bringen.

Manchmal braucht es diesen Luxus, dieses nicht Notwendige, um das Notwendige, also das, was die Not wendet, zum Ausdruck zu bringen. Nardenöl wird nachgesagt, dass es beruhigt und Angstzustände lindern kann. Jesus wird es vor seinem Sterben gutgetan haben, dass die Frau durch die Salbung ihr Mitgefühl zum Ausdruck brachte und Jesus vielleicht etwas von seiner Angst genommen hat. Dieser Moment von Luxus und Verschwendung offenbart bereits den Trost, der durch das leere Grab seinen Anfang nimmt. Mit der Salbung Jesu ist schon ein winziger Spalt geöffnet worden für die Osterbotschaft. Diese Botschaft, transportiert durch kostbares Nardenöl, ist wie ein Gelée royale für alle, die auf der Suche nach dem unzerstörbaren Leben sind. Dazu gehört der die Not wendende Luxus.

Jeder Dienst ist von Bedeutung

Bienen sind sich immer einig. Und das ist ihre größte Stärke. Sie kennen ihre Aufgaben und erfüllen sie mit aller Hingabe, denn sie wissen, wie wichtig ihr Dienst für das ganze Volk ist. Bienen leisten sich keinen Neid, denn der würde sie nur schwächen. Schließlich gilt es, im Frühjahr ein Volk von 3.000 Bienen auf circa 50.000 und mehr aufzubauen und im Sommer so viel Honig zu produzieren, dass das Volk einen ganzen Winter davon leben kann. Hinzu kommt die Organisation von vielen Millionen Flügen. Nur eine gute Verwaltung kann so etwas leisten – das nehme ich als Verwaltungsverantwortlicher mit Bewunderung zur Kenntnis.

Wo immer ich in den vergangenen dreißig Jahren meines priesterlichen Lebens mit Verwaltung und Personalmanagement zu tun hatte, hatte ich es mit Organisationsdefiziten und Konflikten zu tun. Besonders in meiner Zeit als Personalreferent erlebte ich, wie es durch fehlende Absprachen oder Uneinigkeit in den Pfarrteams zu heftigen Auseinandersetzungen kam. Manchmal waren die Gräben zwischen den Streitenden so tief, dass es gar nicht mehr zur Verständigung kam, sondern eine Lösung nur noch durch Versetzungen geschaffen werden konnte. Die Hintergründe solcher Konflikte sind sehr vielschichtig und mir ist bewusst, dass auch Fehlentscheidungen der

Bistumsleitung dazu beigetragen haben. Da tut es gut, eine funktionierende Verwaltung zu erleben. Die Bienen sind ein Beispiel dafür. Wie machen sie das?

Ganz einfach: Nicht alle machen bei den Bienen alles. Sie haben unterschiedliche Aufgaben, die durch ihr Lebensalter bestimmt werden. Es gibt eine Zeit, in der sie den Bienenstock putzen und reinigen, eine Zeit, in der sie Wachs produzieren und Waben bauen. Es gibt eine Zeit, in der sie am Stockeingang Wächterdienste übernehmen und lästige Wespen vertreiben und eine Zeit für den Außendienst, in der sie Nektar und Pollen sammeln. Jeder Dienst wird übernommen, weil alle Dienste gleichwertig sind.

Wo es untereinander eine solche Übereinkunft gibt, dass ein Dienst nicht wichtiger als der andere ist, gestaltet sich das Miteinander segensreich. Eine solche innere Einstellung ist auch für das Miteinander in einer Verwaltung vorteilhaft, denn dort können nicht alle derselben Aufgabe nachgehen. Nicht alle können Chef sein, nicht alle ein Büro leiten, nicht alle für die Raumpflege zuständig sein, nicht alle Sekretariatsaufgaben übernehmen.

Bienen wissen immer, was sie zu tun haben.

Wenn man sich aber angesichts der vielfältigen Aufgaben von der persönlichen Haltung her mit dem gleichen Respekt begegnet, wie die Bienen es tun, dann funktionieren nicht nur Bienenstöcke, sondern auch Verwaltungen. Dabei geht es nicht um eine Gleichmacherei, sondern um eine sinnvolle und aufeinander aufbauende Verschiedenheit, die nicht diskreditiert, sondern allen Mitarbeitenden Würde und Wert gibt.

Eine gesunde und gut geführte Verwaltung ist kein Nebenthema in der Kirche. Durch schlampige und unvollständige

Führung von Personalakten wurde jahrzehntelang der Missbrauch Minderjähriger durch Kleriker und Kirchenbedienstete begünstigt. Weil Unterlagen fehlten, wurden Hintergründe von Tätern, die sich des Missbrauchs schuldig gemacht haben, „vergessen" und Personen sogar teils erneut pastoral eingesetzt. Sie begingen dann wieder Straftaten. Eine gute Verwaltung lässt so etwas nicht zu! Selbst wenn Personalverantwortliche wechseln, sorgt sie durch verlässliche Aktenführung dafür, dass Missbrauch nachhaltig verhindert wird. Damit wird auch deutlich, wie groß die Verantwortung für die Verwaltungsangestellten ist. Ihnen das immer wieder zu sagen und sie regelmäßig fortzubilden, ist auch Aufgabe einer Verwaltung.

Bienen wissen immer, was sie zu tun haben. Keine ihrer Aufgaben ist überflüssig; jeder Dienst hat eine Bedeutung für das ganze Volk. Gibt es Krisen im Stock, weil die Bienen angegriffen werden oder das Futter ausgegangen ist, suchen sie gemeinschaftlich nach einer Lösung. Dabei kommt jeder Biene eine eigene Rolle zu, die sie annimmt und ausfüllt. Das Problem wird gemeinsam angegangen und nach den Möglichkeiten gesucht, es zu bewältigen. Gute Verwaltung sorgt für ein gutes Miteinander und führt so zu guten Lösungen.

Männerdominanz

Männliche Bienen werden „Drohnen" genannt. Sie sind etwas größer und dicker als die weiblichen „Arbeiterinnen", die wir von den Blütenbesuchen kennen. Drohnen haben nur eine Aufgabe: Sie befruchten die Königin. Dazu fliegen sie regelmäßig aus dem Bienenstock heraus und treffen sich in circa 12 bis 15 Meter Höhe mit der Königin zur Begattung. Anschließend kehrt die Königin in den Stock zurück. Eine Königin kann drei bis vier Jahre, wenn alles gut geht, befruchtete Eier legen.

Die Drohne kehrt nur in den Stock zurück, wenn sie aufgrund großer Konkurrenz nicht an die Königin herangekommen ist. Sie wird so lange ausfliegen, bis sie eine Besamung vorgenommen hat. Ist diese erfolgt, verliert die Drohne anschließend ihr Begattungsorgan und stirbt. Die Drohnen fallen tot zu Boden und vergehen.

Eine Drohne sammelt keinen Honig und beteiligt sich auch nicht an der Stockpflege. Sie leben von den Nektareinträgen der weiblichen Bienen. Ist die Begattungszeit aber Ende Juli vorbei, sind die Drohnen überflüssig und werden aus dem Bienenstaat ausgeschlossen. Drohnen, die das nicht akzeptieren und versuchen, sich in den Stock zur Nahrungsaufnahme einzuschleichen, werden unsanft von den Arbeiterinnen verdrängt oder abgestochen. Der Imker spricht dann von der „Drohnenschlacht".

In einem Bienenvolk leben je nach Größe einige 500 bis 1.500 Drohnen. Sie haben eine entscheidende Aufgabe, da eine Königin ohne Befruchtung keine Eier legen kann, aus denen Arbeiterinnen schlüpfen. Ohne Drohnen gibt es also keine Zukunft für die Bienen.

Zuweilen kann es vorkommen, dass ein Volk plötzlich „drohnenbrütig“ wird. Das geschieht, wenn die Königin stirbt und das Volk keine neue Königin nachziehen kann, weil weder Eier noch ganz junge Brut vorhanden ist. Es kann auch sein, dass der Samenvorrat der Königin ausgegangen ist, sodass sie nur noch unbefruchtete Eier legen kann. Daraus entstehen ausschließlich Drohnen. Diese Probleme können im Frühjahr auftreten und dann ist kaum Hilfe in Sicht. Beim Tod der Königin übernimmt aus der Not heraus eine Arbeiterin das Eierlegen. Aus diesen unbefruchteten Eiern entstehen nur Drohnen, die keinen Beitrag zur Nahrungssicherung und zum Stockerhalt liefern können. Die Arbeiterinnen werden immer weniger und die Drohnen immer mehr. Ein drohnenbrütiges Volk, dem nicht früh genug eine neue Königin zugeführt wird, stirbt. Unter günstigen Umständen und wenn noch genügend Arbeiterinnen vorhanden sind, kann dem Volk noch rasch eine Brutwabe mit frisch gelegten Eiern zugefügt werden. Daraus könnte eine neue Königin gezogen werden und das Volk würde überleben.

In einem Bienenvolk leben bloß einige 500 bis 1.500 Drohnen.

Drohnen sichern die Zukunft des Bienenstocks nur dann, wenn sie nicht überhandnehmen und es ein bienennatürliches Verhältnis von männlichen und weiblichen Bienen gibt. Männerdominanz tut keinem Volk gut!

Bienentanz und Lobsummen

Wenn Menschen einen Bienenstock sehen, bleiben viele meist stehen und schauen eine Weile den Bienen zu. Die Vorsichtigen aus der Distanz, die Mutigen aus der Nähe. Je nach Jahreszeit und Wetterlage lässt sich das eifrige Treiben der Bienen gut beobachten.

Auch meine Bienenvölker und die meines Mitstreiters, die aus praktischen Gründen im großen Garten des Priesterseminars stehen, führen dazu, dass Menschen stehenbleiben. Als Pfarrer und Imker wurde ich schon häufig gebeten, den unterschiedlichen kirchlichen Gruppen das Leben der Bienen zu erklären. Ich habe das immer gern gemacht, weil ich dadurch Menschen und Gruppen begegnete, zu denen ich teils jahrelang keinen Kontakt hatte. Nach so langer Zeit wieder anzuknüpfen, funktionierte oft ohne Weiteres, da die erste Aufmerksamkeit den Bienen galt. So kam man wieder ins Gespräch. Und darüber zu weiteren Fragen nach Umweltschutz, Nachhaltigkeit und der Rolle der Kirche in Bezug auf die Bewahrung der Schöpfung.

Einmal kam ich mit einer Gruppe anhand einer Bienenwachskerze auf weitere Themen zu sprechen. Es ging um das Bienenwachs in der Osterkerze und die Bedeutung der Taufkerzen. Und ich stellte dabei wieder einmal fest: Bienen dienen ausgezeichnet als katechetische Katalysatoren.

Aus Gesprächen mit Erstkommunioneltern entwickelte sich dann der Gedanke, ob wir nicht mit den Kindern, die vor Kurzem zur Erstkommunion gegangen sind, am Bienenhaus eine heilige Messe feiern könnten. Eine gute Idee! Auf der kleinen überdachten Terrasse des Bienenhauses errichteten wir den Altar und davor auf Bänken nahm die kleine versammelte Gemeinde, bestehend aus Kindern, Eltern, Großeltern und Katechetinnen, Platz. Den Blumenschmuck für den Gottesdienst hatten die Familien aus ihren Gärten mitgebracht. Gesungen wurden die Lieder, die die Kinder von ihrer Erstkommunionvorbereitung kannten. Zur Danksagung nach der Kommunion war eine Stille vorgesehen. Aber als es so weit war, war es einfach nicht still. Denn im Hintergrund war das Summen von vielen Tausend Bienen zu hören. Arbeiterinnen aus sieben Völkern flogen aus und ein, um im sommerlichen Hochbetrieb Nektar zu sammeln. Hinzu kamen die Bienen, die gerade frisch geschlüpft waren und sich vor dem Bienenstock einflogen, um sich ihren Standort einzuprägen. Außerdem summten da auch Bienen, die am Flugloch ihre Flügel nutzten, um dem Stock an diesem warmen Tag feuchte Luft zu entziehen und frische und kühle Luft wieder hinein zu fächern. Das Summen war einfach nicht zu überhören.

Das Summen hörte sich nach einem feierlichen Gotteslob an.

Bienen nutzen das Summen auch, um sich zu verständigen. Sie tun das nicht über ein Gehör. Bienen haben keine Ohren. Aber sie spüren über ihre Beine und ihren ganzen Körper die Vibrationen, die durch das Summen ausgelöst und übertragen werden. Darüber tauschen sie untereinander Botschaften aus. So gibt es beispielsweise einzelne Bienen, die sich in bestimmten Formationen auf den Waben bewegen („Bienentanz“), um mitzuteilen, wo in der Natur es gerade reichlich Nektar gibt. Keine der anderen Bienen sieht diesen sogenannten „Schwänzeltanz“, der Informationen darüber ausdrückt, wo eine Futterquelle liegt. Schließlich ist es ja auch stockdunkel. Die Bienen spüren vielmehr durch die Waben hindurch die Bewegung der tanzenden Biene. Ihre Vibrationen werden als Wegbeschreibung zu den besten Futterquellen erspürt.

Für die Bienen ist das Summen übrigens eine kraftzehrende Schwerarbeit, genauso wie das Fliegen, wenn sie beladen sind mit Nektar und Pollen.

Aber an all das dachten wir nicht bei der Messe in der Nähe der Bienenstöcke. Wir hörten nur das Summen. Für uns hörte es sich in diesem Moment nach einem feierlichen Gotteslob an, dem auch die Kinder lange zuhören konnten.

Im vierten Hochgebet der Kirche heißt es: „*Und wenn die ganze Schöpfung von der Verderbnis der Sünde und des Todes befreit ist, lass uns zusammen mit ihr dich verherrlichen.*“ Nicht nur der Mensch, es ist die ganze Schöpfung, die zum Lob Gottes aufgerufen ist und darin ihre Vollendung findet. Den Bienen im Priesterseminar konnte man das an diesem Sommertag schon deutlich anhören. Ihr Summen haben wir als Danksagung für Gottes großes Wirken wahrgenommen. Wie wird es sich wohl anhören, wenn die ganze Schöpfung, Mensch und Natur, vollendet werden und Gott verherrlichen?

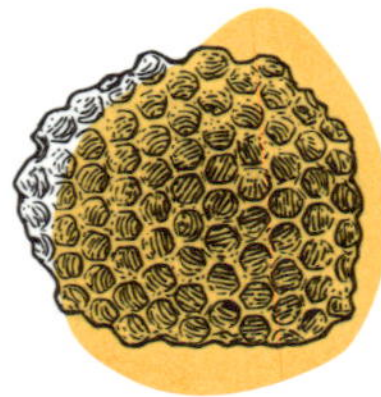

Bienenwachs – ein Multitalent

Klöster brauchen Bienen. Vor allem in früheren Zeiten war das so. Ohne Bienen hätte den Mönchen oder Nonnen nicht nur der Honig gefehlt, sie waren vor allem auf das Bienenwachs angewiesen. Denn daraus stellten sie ihre liturgischen Kerzen her, die für den Gottesdienst und die Gebetszeiten bestimmt waren.

An diese Kerzen wurden besondere Ansprüche gestellt. Sie mussten „rein“ sein. Damals ging man nämlich davon aus, Bienen könnten sich ohne Geschlechtsverkehr vermehren, also „jungfräulich“ bleiben. Diese Vorstellung wurde aber spätestens zu dem Zeitpunkt entkräftet, als man von der Paarung zwischen Königin und Drohnen in ca. 15 Metern Höhe erfuhr.

Angesichts der vielen Gebetszeiten war der Bedarf eines Klosters an Bienenwachskerzen entsprechend hoch. Doch Bienenwachs wurde im Klosterleben noch an anderen Stellen benötigt, beispielsweise um Schreibtafeln herzustellen. Auf ihnen konnten mittels einer Wachsschicht Notizen eingeritzt werden, die anschließend durch etwas Wärmezufuhr wieder „gelöscht“ bzw. glatt gestrichen wurden. Diese Tafeln dienten auch als „Datenträger“, wenn sie geschützt vor warmer Temperatur und Witterung in Archiven landeten, um Berichte oder Statistiken festzuhalten.

Bienenwachs nützte im Kloster außerdem als Hilfsmittel in der Küche, um Flaschen oder Fässer luftdicht abzuschließen. Selbst die Siegel der Klosterverwaltung bestanden aus Wachs, ehe im Mittelalter Lacksiegel die Urkunden zierten. Mit Bienenwachs imprägnierte man zudem Stoffe, um Kleidung vor Nässe und rascher Abnutzung zu schützen. Außerdem nutzten Mönche wie Nonnen das natürliche Bienenprodukt als Mittel, um das Chorgestühl, die Holzböden und Möbel zu pflegen.

Kerzen dienten im Kloster nicht nur der Beleuchtung, sondern auch zur Zeitmessung.

In den Klöstern und an den Höfen benötigte man so großen Mengen des kostbaren Wachses, dass ab dem 8. Jahrhundert ein sogenannter „Wachszins" eingeführt wurde. Diesen musste die Landbevölkerung entrichten. Die Abgabepflichtigen nannte man „Wachszinsige"[11]; weil sie jährlich Wachs liefern mussten.

Das ostwestfälische Kloster Corvey beispielsweise verlangte von seinen Untergebenen, dass je 20 Bauern pro Jahr über 30 Kilo Bienenwachs abzugeben hatten. War die Witterung schlecht oder gab es in einer Saison nur wenige Bienenvölker, war eine solche Menge schwer aufzubringen. Dass allein das französische Kloster Corbie im Jahre 1036 sechs Zentner Wachs erwarb, klingt da schon rekordverdächtig.

Wegen des hohen Bedarfes an Wachs entstand ein regelrechter Bienenwachshandel, der sich über ganz Europa bis hin nach Asien erstreckte. Bedenkt man, dass zur damaligen Zeit Wachs zehnmal so teuer war wie Fleisch, lässt sich erahnen, welcher Geldwert dahinter steckte.[12] Dass sich die Klöster dabei auf Kosten der Landbevölkerung bereicherten, gehört leider zu den dunklen Kapiteln der Kirchengeschichte.

Noch einmal zurück zu den Kerzen: Sie dienten im Kloster nicht nur der Beleuchtung, sondern wurden auch zur Zeitmessung eingesetzt. Da es im klösterlichen Leben notwendig war, irgendwie gemeinsame Gebets- oder Mahlzeiten zu organisieren, benötigte man eine verlässliche Maßeinheit. Man erkannte schließlich, dass Kerzen mit einem bestimmten Umfang und Material immer gleich schnell abbrannten. Aus ihrer Brenndauer errechnete man vor allem des Nachts, wenn eine Sonnenuhr nicht zur Verfügung stand, die Gebetszeiten. Ob es nun eine Nonne oder ein Mönch war, irgendjemand kam jedenfalls im Kloster auf die kluge Idee, eine Kerze der Länge nach in regelmäßigen Abständen mit kleinen Metallkügelchen zu versehen. Beim Herabbrennen der Kerze lösten sich diese und fielen in den Kerzenleuchter. Dabei entstand ein Geräusch. Man wählte die Abstände der Kügelchen auf der Kerze schließlich so, dass regelmäßig ein Teilchen herunterfiel, vergleichbar mit dem akustischen Stundenschlag einer Uhr.

Im liturgischen Raum kamen nur Kerzen, die aus Bienenwachs gefertigt waren, zum Einsatz. Die anderen im Kloster waren aus alternativem Material hergestellt. Talg beispielsweise, der aus tierischen Fetten gewonnen wurde. Allerdings waren Kerzen aus Talg im Gebrauch eher unangenehm, da sie während des Abbrennens stark rußten und nach verbranntem Fett rochen.

*

Betritt man heute einen Klosterladen mit angeschlossener Imkerei, findet man dort nicht nur Kerzen aus Bienenwachs, meist gibt es auch Honig zu kaufen. Was für Klosterbesucher ein köstliches und gern gekauftes Mitbringsel für den Frühstückstisch ist, diente den Mönchen und Nonnen damals vor allem zu medizinischen Zwecken. Früh hatte man nämlich erkannt, dass ein Löffel Honig, der langsam auf der Zunge zergeht, zur Linderung von Beschwerden bei Erkältungskrankheiten führt. War der Honig dann noch mit Kräutern angereichert, verstärkte das die Wirkung und beschleunigte den Heilungsprozess. So entstand der „Fenchelhonig", den es bis heute zu kaufen gibt und den viele Eltern ihren Kindern bei Schnupfen, Husten und Heiserkeit als ein bewährtes und wohlschmeckendes Hausmittel verabreichen, das die Symptome lindert.

Viele Menschen vertrauen den Heilkräften des Honigs. So gilt der neuseeländische Manukahonig beispielsweise seit einigen Jahren als „Superfood", das entzündungshemmend ist und heilende Eigenschaften hat. Selbst bei der Wundbehandlung wird er eingesetzt. Ja, Honig hilft beim Heilen. Nur bitte nicht gleich jeden beliebigen Honig auf eine Wunde auftragen. Denn nicht jeder Honig eignet sich für die Wundheilung. Medizinischer Honig mit Bakterien abtötenden Eigenschaften dagegen schon. Oder um mit den Worten von Hippokrates zu sprechen: „Honig ist für die Menschen am allerschönsten erschaffen, wenn er nur der Natur derselben entsprechend sowohl bei Gesunden wie bei Kranken zur richtigen Zeit und mit Maß angewendet wird."

*

Ein erfahrener Imker erzählte mir einmal, dass Bienenstöcke nicht nur wegen ihrer Honig- und Wachsgaben in die Klostergärten gestellt wurden. Tote Bienen dienten dort auch als Dünger und Bodenverbesserer. Tatsächlich! Mir ist aufgefallen, dass in der Umgebung meiner Bienenstöcke die Pflanzen besonders üppig gedeihen. Das hängt damit zusammen, dass von März bis Oktober Tausende Bienen auf natürliche Weise sterben (die Sommerbienen leben nur circa 4 bis 6 Wochen) und mit ihren toten Körpern den Boden vor den Stöcken düngen. Außerdem trägt ihr Panzer aus Chitin zur Verbesserung der Wurzelgesundheit der Pflanzen bei. Denn die im Boden vorhandene Mikroflora, die Chitin abbaut, wird durch weitere Chitingaben (Bienenpanzer) noch aktiver und kann so den Parasitenbefall der Wurzeln besser eingrenzen. Die Vegetation wird dadurch geschützt. Wo Bienen stehen, geht es dem Boden gut. Deshalb gehören heute zu vielen Klostergärten Bienenstöcke. Auch private und öffentliche Gärten können durch Bienenhaltung ihre Böden deutlich verbessern.

Welch köstliches Amt!

Ohne Osterkerze keine Osternacht! Wenn die Osterkerze in die völlig dunkle Kirche hineingetragen wird mit dem Ruf „Lumen Christi" (Licht Christi), dann feiert die Christenheit ihr großes Bekenntnis, dass Christus lebt. Die Macht des Todes ist gebrochen und alles, was lebt, darf nun das ewige Leben erhoffen. Dafür steht das Licht der Osterkerze.

Das Licht nährt sich vom Wachs. Die liturgischen Vorschriften für die Osterkerze legen fest, dass ein Teil des Wachses aus echtem Bienenwachs bestehen muss. Im „Exsultet", dem gesungenen Lob der Osterkerze, wird vom „Fleiß der Bienen" gesungen, die „das köstliche Wachs bereitet" haben. Ohne Bienen keine Osterkerze! Man kann ihnen das Wachs nicht abkaufen, man kann nur darauf hoffen, dass sie genug produziert haben. Künstliches Bienenwachs zu schaffen zählt nicht, es geht um das natürliche Wachs der Bienen.

Ohne das Ehrenamt fehlt der Kirche ein wesentliches Zeugnis.

Der unersetzliche Fleiß der Bienen erinnert mich an den unersetzlichen Dienst der Ehrenamtlichen in den Gemeinden und karitativen Einrichtungen. Dieser ist weder durch die Hauptamtlichen zu ersetzen noch zu leisten. Es braucht „den Fleiß" der zahlreichen ehrenamtlichen Frauen und Männer, die aus Verantwortung und Begeisterung das

Leben der Kirche gestalten und dadurch Zeugnis geben von ihrem Glauben an Christus, der das Licht der Welt ist.

Auch das Ehrenamt kann man nicht kaufen. Es lässt sich auch nicht durch versteckte Bezahlung herstellen. Das zählt nicht.Selbstverständlich muss es gut versichert und organisiert sein, aber es geschieht, ohne dass die Kirchenleitung oder Hauptamtliche einen Anspruch darauf erheben könnte. Dadurch, dass es freiwillig geschieht und nicht verfügbar ist, wie ein Arbeitgeber über Angestellte verfügen kann, ist es ein unersetzliches Zeugnis für die Kirche. Es drückt aus, dass Frauen und Männer, Jugendliche und alte Menschen sich für den Glauben und nicht wegen einer Bezahlung oder Vergütung einsetzen, sondern einfach nur, weil ihnen Christus und seine Botschaft wichtig sind für ihren Dienst am Menschen.

So wie einer Osterkerze ohne Bienenwachs Wesentliches fehlt, so fehlt auch der Kirche ohne das Ehrenamt ein wesentliches Zeugnis. Der Fleiß und die Begeisterung der Ehrenamtlichen geben anderen, die sich von der Kirche entfernt haben – und es sind so viele –, neuen Geschmack am Zusammensein und Zusammenfeiern im Glauben. Welch köstliches Amt!

Die Klosterfrau und der grüne Honig

Dass ein Papst eine Frau in den höchsten Tönen lobt, kam im Mittelalter selten vor. Aber Papst Eugen III. hat es getan. Im Jahr 1150 formulierte er: „Die Scharen der gläubigen Völker, sie brechen aus in Lob über dich. Du bist für viele ein Duft des Lebens geworden."[13]

Es war Hildegard von Bingen, die hier öffentliche Anerkennung durch den Papst erfuhr. Die Benediktinerin war bereits zu Lebzeiten landläufig bekannt. Unter anderem schrieb sie Päpsten und Herrschern Briefe, in denen sie die Missstände ihrer Zeit beklagte und zu Reformen anregte. In insgesamt 390 Schreiben gab sie wichtige Ratschläge in Konflikten, spendete Trost und regte zum Gebet an.[14]

Hildegard wird im Jahr 1098 in Bermersheim in der Nähe von Alzey geboren. Sie ist noch ein Kind, als sie in das Benediktinerinnenkloster auf dem Disibodenberg bei Bad Kreuznach geht und dort schnell einen Zugang zum Ordensleben findet. Sie lernt Latein, studiert die Bibel und insbesondere die Psalmen. Liturgie und Gebet prägen zunächst ihren Tagesablauf und später immer mehr ihr geistliches Denken und Fühlen. Mit 16 Jahren empfängt sie den Schleier, der sie als gottgeweihte Jungfrau kenntlich macht.

Dass sie mehr sieht als andere Menschen, wird ihr bereits in jungen Jahren bewusst. Hildegard empfängt göttliche

Visionen. Sie behält diese zunächst für sich und vertraut sie nur wenigen Personen an – bis sie den Aufruf Gottes in sich wahrnimmt, diese „Schau“ niederzuschreiben. Zu diesem Zeitpunkt ist sie 43 Jahre. Sie schreibt ihr erstes Werk „Scivias“, „Wisse die Wege“ nieder. Ihre Werke machen sie bis zum 16. Jahrhundert zur bedeutendsten Schriftstellerin der Christenheit.[15]

1150 gründet Hildegard auf dem Rupertsberg bei Bingen ein eigenes Kloster und 15 Jahre später – auf der anderen Rheinseite – gründet sie ein weiteres in Eibingen.

Trotz all dieser vielfältigen Aktivitäten dürfen wir uns Hildegard nicht als eine „Powerfrau“ vorstellen, die kraftvoll von einem Engagement ins nächste sprintete. Im Gegenteil: Körperlich war sie äußerst schwach. In ihrer Vita, die kurz nach ihrem Tod verfasst wurde, heißt es: „Beinahe von Kindheit an hatte sie fast ständig an schmerzlichen Krankheiten zu leiden, sodass sie nur selten gehen konnte. Ihr Körper war ununterbrochen Schwankungen unterworfen. Was aber den Kräften des äußeren Menschen abging, das wuchs dem inneren durch den Geist der Weisheit und Stärke zu.“[16]

Ihre Lebens- wie Schaffenskraft empfing die heilige Hildegard durch ihren Glauben und ihre „Schau“. Weil sie aber dennoch immer wieder durch Krankheit und Gebrechen körperlich wie geistig gequält wurde und dieses Leiden nicht nur an sich selbst, sondern auch bei ihren Mitmenschen entdeckt hatte, war sie auf der Suche nach Linderung. Hildegard glaubte fest an die Heilkräfte der Natur, weil für sie in der vergänglichen Schöpfung der ewige Gott schöpferisch tätig ist.

„Es gibt eine Kraft aus der Ewigkeit, und diese ist grün“[17], sagte Hildegard von Bingen. Sie sprach von der Grünkraft – Gottes Geist, der in den grünen Kräften der

Schöpfung wirksam ist. „Dieser Geist macht die Welt von aller Unlauterkeit rein. Alle Schuld wird getilgt, jeder Schmerz gelindert, jede Wunde gesalbt", erklärte sie. Und weiter: „Somit ist Gottes Wirklichkeit nie vergeblich. Keines seiner Werke bleibt ohne Frucht ... Der Geist geht aus, grünt und bringt Frucht."[18]

Mit dieser Gewissheit gab Hildegard von Bingen in ihren Natur- und heilkundlichen Schriften konkrete Hilfen bei gesundheitlichen Problemen. Dabei knüpfte sie an bereits tradierte Heilungsmethoden an und entwickelte sie mit Umsicht und Vorsicht weiter.

„Es gibt eine Kraft aus der Ewigkeit, und diese ist grün."

Für Hildegard war jedoch die persönliche Einstellung eines kranken Menschen entscheidend. Glaubte dieser nicht an Heilung, würden die Kräfte der Natur sie auch nicht wirken können. Hildegard warb daher für ein Grundvertrauen in Schöpfung und Schöpfer. Für sie war Heilung ein Akt des Glaubens, des Gebets und der Barmherzigkeit, der angereichert durch die Heilsgaben der Schöpfung den Menschen wieder gesund machen kann.

Hildegard ermutigte Kranke, die Schöpfung zu beobachten und in ihr die Spuren göttlicher Fürsorge zu erkennen: „Die Kräuter schenken einander den Duft ihrer Blüten, ein Stein strahlt seinen Glanz auf den anderen und alles, was lebt, hat seinen Urtrieb nach liebender Umarmung. Alle Welt steht ja dem Menschen zur Verfügung und legt ihm in liebendem Dienst freudig ihre Güter ans Herz."[19]

Zu diesen Gütern zählte Hildegard auch den Honig. Sie hielt ihn für „wertvoller als Gold ..., weil es die Dämpfigkeit mindert und alle Fehlsäfte des Menschen vertilgt und den Menschen so reinigt, wie man einen Topf vom Schimmel reinigt"[20].

Konkret handelt es sich hierbei um eine Bärwurz-Birnhonig-Kur. Sie lindert rheumatische Beschwerden, stärkt die Abwehrkräfte, trägt zur Entschlackung bei und kann auch bei Migräne und anhaltender Müdigkeit helfen. Es braucht, um sich eine solche Kur zu bereiten, Folgendes:

Zutaten

1 Kilo Birnen
8 Esslöffel Honig
70g Bärwurz-Birnhonig-Mischpulver
(im Handel erhältlich)

Zubereitung

Die Birnen weichkochen und zu Mus verarbeiten. Anschließend den Honig und das Mischpulver hinzufügen und alles gut verrühren. Die Masse noch einmal kurz aufwärmen, anschließend in kleine Gläser abfüllen und im Kühlschrank kaltstellen.

Anwendung

Morgens einen Teelöffel auf nüchternen Magen einnehmen; mittags zwei nach dem Essen und am Abend vor dem Schlafengehen drei. Es empfiehlt sich, die Anwendung und Häufigkeit dieser Kur mit dem Hausarzt zu besprechen.

Wer eine solche Kur nicht nur auf die Einnahme von Bärwurz-Birnhonig beschränkt, sondern auch noch seine Glaubens- und Gebetspraxis vertieft, darf nach diesem Rezept auf Heilung hoffen, die aus der „Grünkraft" kommt. Honig hat in diesem Sinne mal die Farbe Grün.

Geschüttelt – und gerüttelt

Bienenvölker vermehren sich durchs Schwärmen. Dazu werden neben der einen im Volk vorhandenen Königin weitere herangezogen. Bereits 16 Tage nach der Eiablage schlüpfen die ersten neuen Königinnen. Da es pro Volk in der Regel nur eine Königin geben kann, macht sich die alte Königin bereit, den Stock zu verlassen. Sie weiß, dass das Volk lieber eine jüngere Königin will und spürt mehr und mehr die Ablehnung der Arbeiterinnen, die sie sonst Tag und Nacht umsorgt haben. Sie wird jetzt weniger gefüttert und legt keine Eier mehr. Dadurch magert sie ab und wird durch den Gewichtsverlust wieder flugfähig. Das ist notwendig, wenn sie mit einem Teil der Bienen ihres Volkes den Stock verlässt, also ausschwärmt. Leicht fällt es der alten Königin nicht, ihr vertrautes Volk verlassen, aber es ist notwendig, damit ein neues Volk entstehen kann und das verbliebene Volk eine neue Königin bekommt. Um die alte Königin rechtzeitig zum Verlassen des Volkes zu bewegen, wird sie von den Arbeiterinnen immer feindseliger behandelt. Dabei wird sie bedrängt und gestoßen, ohne verletzt zu werden, und sie nimmt weiter ab.

Erst ist es nur ein kurzes Rütteln, dann …

Wann wird sie mit circa 15.000 Bienen ausfliegen? Um das Ausfliegen zu beschleunigen, wird die Königin von einer Arbeiterin geschüttelt. Mit ihren Vorderbeinen rüttelt sie die Königin so lange hin und her, bis sie endlich den Stock verlässt. Erst ist es nur ein kurzes Rütteln, dann aber wird es immer heftiger, bis die Königin endlich aufbricht.

Kennen wir das nicht? Muss nicht auch bei uns manch einer erst gerüttelt und geschüttelt werden, bis er bzw. sie in der Lage ist, eine (überlebens-)wichtige Entscheidung zu treffen? Manchmal ist es eben auch eine ganz einfache Arbeiterin, die die Chefin schüttelt und sagt: „So, es ist Schluss mit dem Hin und Her. Jetzt wird geflogen."

Wer in einer Hierarchie ganz oben steht – wie ein König oder eine Königin – darf dankbar sein, wenn Arbeiterinnen oder Arbeiter von unten zu Entscheidungen ermuntern, drängen oder stoßen, weil schon längst alle wissen, was zu tun ist.

Gartenretter für mehr Lebensräume

Wir kannten uns Jahrzehnte. Ich durfte zuerst ihre Goldene und dann ihre Diamantene Hochzeit zelebrieren. Kurt und Elisabet sind beide weit über 80 gewesen, und ich habe es immer bewundert, wie sie trotz ihres Alters den Garten pflegten.

Ein Hausbesuch bei ihnen startete stets mit einer Gartenführung. Ich erinnere mich gern an die schmalen Wege durch die Beete, an die vielen Erklärungen und daran, wie sie mir ständig Obst und Gemüse in die Hand drückten. Mal einen Kohlrabi, mal ein paar Möhren oder Zucchini, hin und wieder Petersilie, Äpfel und Birnen sowie Kopfsalat mit reichlich Schnecken, denn einen Einsatz von Gift ließen sie in diesem Lebensraum für Menschen, Tiere und Pflanzen nicht zu!

„Kurt! Hol doch mal einen Beutel. Dem Pastor fällt schon alles aus der Hand!" Kurt tat sofort, was Elisabet sagte. Ihrem Tonfall zufolge war das nicht nur im Garten so. Ich revanchierte mich mit einem Glas Honig.

Unsere Kaffeerunden hinterher waren kleine Feste mitten im Alltag. Wir wurden Freunde. Dann kam der Schlaganfall. Der Arzt sagte, dass Kurt ganz viel Glück hatte. Allerdings würde er den rechten Arm nicht mehr so belasten können. Elisabet verstummte. Wochenlang. Sie wusste bereits, dass jetzt alles anders wird. Und so kam es ...

Sie beauftragte eine Gartenbaufirma, ihren Naturgarten durch einen pflegeleichten Steingarten zu ersetzen. Zehn Tage hat der Umbau gedauert. Mit Tränen in den Augen haben beide den Rodungsarbeiten zugeschaut. Plötzlich lagen überall Steine herum: Schotter, Kies und Findlinge, hellgrau, mittelgrau und dunkelgrau. In der Mitte ragt nun ein schwarzer Granitblock hervor. Wasser läuft daran herunter. Es gurgelt. Die Beleuchtung schaltet sich abends automatisch ein und nachts wieder ab.

Als wir drei das erste Mal zusammen vor dem neuen „Garten" standen, sagte sie: „Wir konnten nicht anders. Es wurde uns zu viel. Sie wissen ja, warum. Und so ist es auch noch ganz schön, oder nicht?" Beide starrten mich erwartungsvoll an.

„Doch! Auch ganz schön", log ich sie an. Ich brachte es nicht übers Herz zu sagen, wie furchtbar hässlich ich das alles fand. Es tat mir in der Seele weh, wie sich in kürzester Zeit der wundervolle Garten in eine Todeszone verwandelt hatte. Wo nun nichts mehr wächst, wo fortan keine Biene mehr Nektar findet und ein Vogel erst gar nicht versuchen wird, zwischen den Steinen nach etwas Essbarem zu picken.

Kurt und Elisabet mache ich keinen Vorwurf. Beide hatten bis zu ihrem Sterben genug damit zu tun, ihren Alltag zu organisieren, der zunehmend durch ihre schlechte Gesundheit beeinträchtigt wurde. Die beiden sind nun schon lange tot. Das Haus ist verkauft. Den Steingarten gibt es noch. Nur das Wasser läuft nicht mehr. Die Pumpe ist wohl kaputt.

Im Nachhinein ärgere ich mich, dass ich nicht früher auf die Idee mit den rüstigen Rentnerinnen und Rentner gekommen bin, die den beiden ganz praktisch hätten helfen können. Denn es gibt sie: Frauen und Männer, die nach ihrem Berufsleben noch Kraft, Lust und Zeit haben, pro Woche ein paar Stunden anderen im Garten zu helfen. Das hätte wohl auch das Gartenparadies meiner beiden Freunde gerettet. Wenigstens für ein paar Jahre.

„Gartenretter" – könnte das nicht ein neues Ehrenamt in der Kirche werden? Bestimmt engagieren sich hier bereits freundliche Menschen. Lohn gibt es im Überfluss: mal einen Kohlrabi, ein paar Möhren, ... und hinterher einen Kaffee und ein Fest mit guten Freunden.

Auch Priester gehen irgendwann in den Ruhestand. Wenn es mir dann noch gut geht, könnte ich mir selbst ein solches Ehrenamt vorstellen. Es würde mich zudem an meine beiden alten Freunde Kurt und Elisabet erinnern. Und wenn ich dann Besenginster, Efeu, Löwenzahn, Sonnenblumen, Sonnenhut, Wegwarte, Astern, Majoran, Zitronenmelisse, Weiße Taubnessel, Fingerhut, Rainfarn-Phacelia, Boretsch, Echtes Labkraut, Schneeheide, Himmelsleiter, Schlangen-Knöterich, Wilde Malve, Blutweiderich, Klee und Salweide anpflanze, würde nicht nur die Erinnerung an sie lebendig, es wäre auch ein wunderbarer Lebensraum für Bienen und für Menschen.

„Gartenretter" – ein neues Ehrenamt?

Bienenstich: essen – fürchten – heilen

Zunächst geht's ums Gebäck: Die Sage der „Andernacher Bäckersjungen" erzählt vom Streit der mittelalterlichen Städtchen Linz und Andernach, die am Rhein, ganz in der Nähe von Koblenz, liegen. Die Atmosphäre zwischen den benachbarten Ortschaften war immer sehr angespannt. Sie verschärfte sich noch sogar, nachdem 1474 der Kaiser den Linzern den Rheinzoll entzog und den Andernachern zusprach. Damit ging den Linzern eine wichtige Einnahmequelle verloren. Die Geschädigten planten daraufhin einen nächtlichen Rachefeldzug gegen ihre Nachbarn. Die Andernacher ahnten von all dem nichts und schliefen tief und fest. Nur zwei Bäckerjungen waren noch wach. Sie gingen gerade an der Stadtmauer entlang, wo sie Bienennester, die dort hingen, entdeckten und deren köstlichen Honig probierten. Dabei hörten sie plötzlich verdächtige Geräusche. Sie kletterten auf einen Wehrturm der Stadt und sahen den Feind. Der Sage nach wird das weitere Geschehen wie folgt berichtet:

„Da sahen sie der Linzer Haufen,
Der überrumpeln will die Stadt.
Doch als sie jetzt ans Stadttor rucken,
Was war der Bäckerknaben Gruß?
Die Bienenkörb' in tausend Stücken
Schleudern sie ihnen vor den Fuß."[21]

Nachdem die Knaben die Angreifer mit Bienenkörben beworfen und so in die Flucht geschlagen hatten, erwachten die Andernacher durch die Schreie der gestochenen Linzer. Die Stadt war gerettet.

Auch wenn es keine historischen Belege für dieses Ereignis gibt, in Andernach steht bis heute ein Brunnen, der die beiden Bäckerjungen mit den Bienenkörben zeigt. Demnach wurde nach der Rettung der Stadt auch ein großes Fest gefeiert und dem Anlass entsprechend ein besonderer Kuchen gebacken: der Bienenstich. Ob das wirklich die Geburtsstunde des beliebten Hefekuchens mit karamellisierter Zucker-Mandel-Masse war, ist nicht wirklich belegbar. Doch nach dieser Sage hat der Bienenstich scheinbar als Backware auch einen martialischen Hintergrund – genauso wie der Stich einer Honigbiene.

Jetzt geht es um den Bienenstich an sich: Da Bienen keine richtigen Beißwerkzeuge haben wie Hornissen oder Wespen, ist der Stachel an ihrem Hinterleib ihre (fast) einzige Waffe. Hiermit kann eine Biene zustechen und dem Gegner Gift injizieren. Sie muss dafür vorher ausreichend Pollen zu sich genommen haben, denn Bienengift ist ein Produkt aus Polleneiweiß.

Ein Bienenstich endet für die Biene selbst nur beim Menschen oder Säugetieren mit elastischer Haut tödlich. Der Stachel verhakt sich darin und wird herausgerissen. Das überlebt die Biene nicht. Die Wirkung eines Stichs auf Menschen ist in der Regel harmlos. Nach einer Rötung und Schwellung des gestochenen Gewebes kann zusätzlich ein Juckreiz auftreten, der aber durch einfaches Kühlen oder eine geeignete Salbe rasch gelindert werden kann. Allergische Reaktionen treten nach einem Bienenstich verhältnismäßig selten auf, müssen aber, sollten sie auftreten, sofort ärztlich behandelt werden.

Die eigentliche Wirkung eines Bienenstichs ist bei uns Menschen aber auch eine psychische: Die Angst vor einem Bienenstich schreckt ab. Weil wir wissen, dass Bienen stechen können und die Schmerzwirkung erheblich ist, halten viele von sich aus Abstand zu Bienenstöcken. Das ist letztlich eine angemessene und für die Bienen hilfreiche Reaktion, denn diese Abschreckung hilft den Völkern, sich in Ruhe zu entwickeln. So wollen Bienen mit ihrem Steckwerkzeug denn auch nicht erobern, sondern nur überleben. Bienenstiche dienen letztlich der Abgrenzung und nicht der Grenzüberschreitung. Bienen lehren einfach mit ihren Stichen andere das Fürchten.

Bienenstiche dienen der Abgrenzung und nicht der Grenzüberschreitung.

*

Selbst die Bibel macht deutlich, dass die Furcht vor den Bienen bereits eine lange Tradition besitzt. Das Volk Israel fühlt sich von seinen Nachbarn bedroht und betet:

„Alle Völker umringten mich, ich wehrte sie ab im Namen des Herrn. [...] Sie umringten mich wie Bienen, ...“ (Psalm 118,10+12).

Wenn der Stachel zum Verteidigen des Volkes einmal nicht ausreicht, weil übergriffige Hornissen in den Stock eindringen wollen, dann haben Bienen noch ein weiteres wirksames Mittel der Verteidigung: die Gemeinschaft. Sobald die Hornisse nämlich im Stock ist, wird sie von einem „Bienenball“ festgehalten. An die hundert Bienen umklammern dann den Eindringling und erzeugen durch die Vibrationen ihrer Flügel eine Temperatur von circa +46°C. Die Bienen können eine solche Temperatur noch aushalten, die Hornisse stirbt allerdings daran. Sollte diese Methode allerdings nicht genügen, da beispielweise Riesenhornissen diese Temperaturen noch vertragen können, haben Bienen eine weitere Methode der Verteidigung entwickelt. Sie erhöhen in diesem Fall nicht nur die Temperatur, sie engen auch die Atemlöcher der Hornisse ein und steigern im „Bienenball“ die Kohlendioxidkonzentration. Das hält selbst die stärkste Riesenhornisse nicht aus. Das Volk ist gerettet.

Eine Biene weiß also, dass sie – auch wenn sie mit einem Stachel ausgestattet ist – allein in manchen Situationen wenig ausrichten kann. Langfristig überleben kann sie nur durch die Kooperation mit anderen.

*

Bienengift hat aber auch etwas Positives. Es ist ein Gift, das richtig angewendet, heilen kann. Bienengift kann nämlich in reiner Form durch einen sehr aufwendigen Prozess gewonnen und als Lösung oder als Salbe benutzt werden. Für 1 Gramm Pulver benötigt man allerdings das Flüssigkeitsvolumen von ca. 10.000 Bienenstichen, die in besonderen Vorrichtungen durch elektrische Impulse von den Bienen gesammelt werden. Der im Gift enthaltene Wirkstoff Melittin gilt als entzündungshemmend und dient der Behandlung von Gelenkerkrankungen, Gürtelrose und Rheuma.

Bienengift wirkt auch bei Durchblutungsstörungen, weil es den Blutdruck reguliert und das Blut verdünnt. Da es die körpereigene Produktion von Kortison in der Nebennierenrinde fördert, werden so entzündungshemmende Prozesse eingeleitet und Schmerzreaktionen gemildert. Bienengift hat vielen auch bereits bei Ischiasschmerzen geholfen. Bienenstiche ersetzen aber keine notwendige medizinische Behandlung. Ärztlicher Rat ist immer einzuholen.

Ist eine Biene krank oder aus Altersgründen nicht mehr einsatzfähig, verlässt sie den Stock, um draußen zu sterben. So verunreinigt sie das Volk nicht durch ihren toten Körper.

Bei diesem Bild kommt der Vergleich zwischen Bienen- und Kirchenvolk an eine Grenze. Im Umgang mit Krankheit, Tod und Sterben können wir von Bienen nichts lernen. Wenn die männlichen Bienen, die Drohnen, im Spätsommer nicht mehr gebraucht werden, da die Königinnen bereits besamt sind, beginnt – wie bereits an anderer Stelle erwähnt – die sogenannte „Drohnenschlacht". Anfliegende Drohnen, die in den Stock zur Nahrungsaufnahme kommen, werden dann von den weiblichen Bienen abgestochen oder vertrieben. Das ist kein schönes Bild, wenn ich sehe, wie eine wehrlose Drohne, die keinen Stachel besitzt, gleich von mehreren Bienen, die sich noch vor Wochen um sie gekümmert haben, abgestochen wird. Doch so ist die Natur. Sie hat ihre Gründe.

Für uns Menschen hält die Bibel etwas ganz anderes bereit. Dort steht für den Fall von Krankheit:

„Ist einer unter euch krank, dann rufe er die Ältesten der Gemeinde zu sich; sie sollen Gebete über ihn sprechen und ihn im Namen des Herrn mit Öl salben. Das gläubige Gebet wird den Kranken retten und der Herr wird ihn aufrichten" (Jakobus 5,14f.).

So lautet die Empfehlung der Heiligen Schrift. Sie hat ihren Grund in Jesus Christus. Denn durch sein Kommen in diese Welt ist Folgendes geschehen: *„Blinde sehen wieder, Lahme gehen; Aussätzige werden rein und Taube hören; Tote stehen auf"* (Matthäus 11,4f.). Die Sorge um die Kranken und Sterbenden beantwortet die Kirche nicht mit Ausgrenzung und Sterbehilfe, sondern stets aus dem Geist des Evangeliums mit Liebe und Zuwendung. Bis zuletzt.

Keine Feindbilder bedienen

Die Nachrichten klingen beunruhigend: Die Asiatische Hornisse, eine Verwandte der Europäischen Hornisse, ist nach Deutschland eingedrungen und bedroht zunehmend die heimische Bienenwelt. Hornissen können in großer Zahl Bienen fressen und ganze Völker vernichten. Die Europäische Kommission schätzt die Asiatische Hornisse sogar nicht nur für die Honigbiene als gefährlich ein, sondern für das ganze europäische Ökosystem.

Seit 2005 kommt diese Hornissenart in Frankreich vor. Imker haben dort bereits Fallen aufgestellt und wehren sich in ihrer Not vereinzelt sogar mit Tennisschlägern, um die bienenfressenden Insekten direkt am Bienenstock zu erschlagen. Und nicht selten werden in der Berichterstattung die dunklen Bienenjäger mit schwarzer Brust und schwarz-gelben Beinen angstmachend „Monster“ oder „Killerhornisse“ genannt. „Wird Europa von gefährlichen Insekten überrannt?“, könnte da ohne Weiteres eine Boulevard-Zeitung titeln.

Es gibt aber auch andere Stimmen ... Denn selbst wenn die invasiven Hornissen davon leben, Bienen zu fressen, sie bedrohen letztlich nur geschwächte Völker.

Das Ansiedeln eines Jägers, eines Fressfeindes, eines Stärkeren ist also zunächst einmal ein ganz natürlicher Vorgang, der sich im ökologischen System abspielt und reguliert. (Mal ganz abgesehen davon, dass vermutlich der Mensch es war, der diese Hornissenart durch asiatische Waren importiert hat.)

Gelingt es aber auf der anderen Seite, die Asiatische Hornisse als bestandsgefährdend für die Bienen darzustellen, sodass dies von der EU anerkannt wird, könnten Berufsimker Entschädigung beantragen. Dass die „Invasion" der Asiatischen Hornisse dramatisiert wird, hat also einen bemerkenswert wirtschaftlichen Hintergrund.

Wie ungerecht aber diese Dramatisierung ist, zeigt eine Untersuchung aus der französischen Stadt Bordeaux. Dort stellten Imker Fallen für die Asiatische Hornisse auf und mehr als 1.000 Insekten konnten gefangen werden, allerdings waren nur acht Asiatische Hornissen darunter.

*

Nicht selten wird auch die Kirche in ihrem Bestand als gefährdet angesehen. Manche Stimmen meinen, die Zahl der Feinde steige stetig an. Sie weisen in diesem Zusammenhang durch die Migration auf den Einfluss von Mitgliedern anderer Religionsgemeinschaften hin und befürchten den in den Medien berichteten Radikalismus gleich in unmittelbarer Nachbarschaft. Und nicht selten passiert es dann noch, dass ohne Ansehen der Person pauschalisiert wird. Dass es unter den Geflüchteten auch viele Christinnen und Christen gibt, ist für sie eher Fake News als Realität. Und dass das friedliche Miteinander der Religionen für das soziale und kulturelle Leben einer Gesellschaft ein großer Gewinn ist, und dass es Aufgabe der Kirche ist, daran mitzuarbeiten, übersehen sie ebenfalls.

Voraussetzung für Annahme und Miteinander ist gegenseitiges Wahrnehmen und Kennenlernen. *„Darum nehmt einander an, wie auch Christus uns angenommen hat, zur Ehre Gottes!“* (Römer 15,7). Voraussetzung für Annahme und Miteinander ist ein gegenseitiges Kennenlernen. Denn nicht jeder, der von anderen schnell Feind genannt wird, ist wirklich ein Gegner. Feindbilder entstehen meist schneller in unseren Köpfen und insbesondere durch Sprüche, als es tatsächlich der Wirklichkeit entspricht. Erst die Begegnung mit dem anderen gibt die Möglichkeit, einander zu verstehen, Übereinstimmungen festzustellen, aber auch Abgrenzungen vorzunehmen, sollten diese wirklich nötig sein.

Die Kirche weiß sehr genau, wie anspruchsvoll dieser Ansatz ist. Sie weiß auch, wie schwierig es ist, Menschen, die ganz verschieden sind, zu verbinden. Die Kirche erkennt mittlerweile ihr eigenes Versagen, wo sie durch herzlose Verkündigung und Katechese zu Polarisierung und Ausgrenzung beigetragen hat. Das will sie nicht mehr. Deshalb bittet sie am Pfingstfest um die Gabe des Heiligen Geistes. Nur unter der Führung des Geistes kann sie ihren Sendungsauftrag erfüllen und Menschen auf der ganzen Erde nicht nur mit Gott, sondern auch untereinander verbinden. Der Heilige Geist verbindet, indem er hilft, das Geheimnis des Lebens immer tiefer zu verstehen und zu begreifen.

Hornissen kennenzulernen, die Asiatische Hornisse eingeschlossen, geschieht zunächst durch Aufklärung: Ein Volk mit einer durchschnittlichen Größe von circa 500 bis 700 Individuen verzehrt circa ein halbes Kilo Insekten pro Tag. Fliegen, Spinnen und Wespen gehören also genauso zu ihrem Speiseplan wie Raupen, Läuse und eben

Bienen. Hornissen sind insofern keine „aggressiven Bienentöter“, sondern in erster Linie friedliche Schädlingsbekämpfer, die vor allem von Juli bis Oktober aktiv sind. Sie stehen zudem unter Naturschutz und dürfen nicht vernichtet werden. Gemäß der Bundesartenschutzverordnung zählt die Hornisse zu den besonders geschützten Arten. Das Fangen oder Töten eines Volkes kann sogar mit einer Gefängnisstrafe geahndet werden. Fühlt sich jemand oder eine Familie dennoch unwohl, wenn sich ein Hornissenvolk im Garten oder Dachstuhl eingenistet hat, ist eine Umsiedelung durch Fachkräfte möglich. Das ist nicht unbedingt (wie vielfach angenommen) mit Kosten verbunden, da es auch ehrenamtlich Beauftragte gibt, die sich um das Volk artgerecht kümmern.

Im Oktober oder je nach Frosteinbruch stirbt das Volk der Hornissen. Nur die Jungköniginnen überwintern und bilden im Folgejahr ein neues Volk aus, das sich an Fliegen und anderen Insekten sattfressen wird. Dass von ihnen sicher auch Bienen vertilgt werden, macht sie aber weder zu „Monstern“ noch zu „Killerhornissen“. Wohl eher sind es solche Märchen wie „Drei Hornissen können einen Menschen töten und sieben Stiche töten ein Pferd“, die das tun. Diesen Ausspruch kenne ich noch aus meiner Kindheit. Doch der Stich einer Hornisse ist nicht gefährlicher als der Stich einer Wespe oder Biene. Allerdings ist der Hornissenstich schmerzhafter wegen seines hohen Anteils an Serotonin, Acetylcholin und Histamin. Deshalb sollte es auch immer Respekt geben zwischen Menschen und Hornissen. Aber Respekt und Achtung vor den Eigenheiten des jeweils anderen macht jemand noch lange nicht zum Feind.

Voraussetzung für ein konstruktives Miteinander ist ein gegenseitiges Kennenlernen.

Wo Menschen um Erkenntnis bemüht sind, sich also begegnen und verstehen, hört Feindschaft auf. Dieses Hineinwachsen in die Erkenntnis ist nicht nur auf die Kirche beschränkt. Es umgreift alle Menschen guten Willens. Deshalb betet die Kirche am Pfingstsonntag: „Dein Geist schenkt *allen Völkern* die Erkenntnis des lebendigen Gottes und vereint die vielen Sprachen im Bekenntnis des einen Glaubens. Darum preisen dich *alle Völker* auf dem Erdenrund in österlicher Freude."[22] Gott lässt den Menschen auf seinem Weg – zu erkennen und verstehen – nicht allein. Er hat seinen Geist gesandt. Allen.

Gemeinsam statt einsam

Bienen vermehren sich meistens im Mai oder Juni nach einer Schlechtwetterperiode und dieses Schwärmen ist ein natürlicher Vorgang, der dazu führt, dass die alte Königin mit einem Großteil der Bienen aus dem Stock auszieht und Platz macht für eine neue Königin, die das Volk bereits gebildet hat. Das Volk teilt sich also. Und damit es erst gar nicht zum Kampf kommt zwischen alter und neuer Majestät, zieht die alte meist kurz vor dem Schlüpfen der neuen aus.

Schwärmen ist ein dramatischer Moment! Plötzlich strömen nämlich Tausende Bienen mitsamt der alten Königin aus dem Stock. Ihr Summen ist extrem laut und über dem Bienenstock entsteht eine dunkle Wolke nur aus Bienen. Kurz darauf bilden sie an einem Ast, Gartenzaunpfahl oder einer Dachrinne ganz in der Nähe des heimischen Bienenstocks eine sogenannte „Bienentraube“. Ein Bienenklumpen von rund 1,5 bis 2 Kilogramm hängt dann dort herunter, mittendrin die alte Königin.

Vor dem Abflug haben sich alle Bienen allerdings noch mit reichlich Honig vollgesogen, um für circa drei Tage versorgt zu sein. In dieser Zeit muss die Wohnungsfrage geklärt werden, sonst wird das Volk eingehen. Die Frage nach einem neuen Platz ist also eine Überlebensfrage.

Baumhöhlen werden von Bienen bevorzugt. Allerdings muss eine solche Höhle den richtigen Anforderungen entsprechen. Ist diese beispielsweise zu geräumig, können die

Bienen sie im Winter nicht richtig „beheizen" und sie drohen zu erfrieren. Und ist das Einflugloch der Höhle zu groß, können Fressfeinde eindringen und das Volk vernichten. Auch Wasser spielt eine Rolle: Ist die Höhle zu feucht, drohen Fäulnis und Pilzbefall. Und ist die Behausung zu klein, kann darin nicht genügend Honig gelagert werden, sodass die Bienen im Winter verhungern.

Leider gibt es noch ein weiteres Problem, das die Bienen in unseren Breiten nicht mehr allein lösen können: ein Befall durch die Varoamilbe. Dieser Parasit ist der gefährlichste Feind der Biene; er setzt sich auf das Fluginsekt und saugt es langsam aus. Der Imker kann sie mit Ameisensäure gut bekämpfen, indem er sie auf einen Schwamm aufträgt und zum Verdunsten in den Bienenstock legt. Die Milbe stirbt daran. Die Hoffnung ist groß, dass das Bienenvolk eines Tages einen eigenen Weg finden wird, sich gegen die kleinen „Blutsauger" zu wehren und wieder ohne humane Assistenz in Baumhöhlen wohnen zu können.

Die Frage nach einem neuen Platz ist eine Überlebensfrage.

Zurück zum Schwarm: Wenn ihn der Imker nicht schon längst eingefangen und in einem Bienenkasten untergebracht hat, beginnt jetzt die Zeit der Kundschafterbienen. Sie haben die überlebenswichtige Aufgabe, ein neues Zuhause zu finden. Etwa 100 dieser schon älteren Bienen, die vorher als Nektarsammlerinnen unterwegs waren, machen sich dann auf den Weg in die Umgebung. Sie kennen bereits die Gegend und sind unterwegs getreu des Mottos: Wer Nahrung findet, der kann auch eine neue Unterkunft finden.

Nach und nach kommen die Kundschafterinnen mit Vorschlägen für eine neue Behausung wieder. Sie kommunizieren sie über Tanzbewegungen auf der Bienenschwarmtraube. Nur welche Unterkunft ist die beste? Es gibt verschiedene Vorschläge. Schnell werden einige verworfen, weil sie niemanden überzeugen. Andere Ideen finden mehr Beachtung. Der US-amerikanische Verhaltensbiologe Thomas Dyer Seeley hat diesen Prozess genauer untersucht:

„Unter den wohnungssuchenden Bienen herrscht häufig ein heftiger Wettbewerb zwischen den Anhängern verschiedener Vorschläge: Manche Kundschafterinnen setzen sich energisch für eine gemütliche Höhle in einem Baum ein, während andere nur wenige Bienen entfernt auf der Oberfläche der Schwarmtraube begeistert Werbung für einen, zweiten, dritten oder sogar vierten erstrebenswerten Wohnort machen. Es handelt sich aber stets um einen ‚freundlichen' Wettbewerb: Die Kundschafterinnen sind darüber einig, was ein ideales Zuhause ausmacht, sie haben das gemeinsame Ziel, die beste verfügbare Stelle auszuwählen, sie geben ihre Information ehrlich weiter, und am Ende sind sie sich über den neuen Wohnort einig."[23]

Haben sich etwa 15 Bienen gefunden, die auf der Schwarmtraube für denselben Platz tanzen, ist die Entscheidung gefallen. Ein neues Zuhause ist gefunden. Und sollte es nach dem Einzug doch nicht überzeugen, dann beginnt der Entscheidungsprozess von Neuem. Der Verhaltensbiologe Seeley nennt diesen Prozess „Bienendemokratie" und resümiert: *„Von den Bienen können wir etwas Wertvolles lernen: Ein offener, fairer Wettbewerb der Ideen ist eine kluge Lösung der Aufgabe, eine Entscheidung auf Grundlage zahlreicher Informationen, die sich über eine Gruppe von Individuen verteilen, zu fällen."*

Die Botschaft für ein Kirchenvolk lässt sich entsprechend in einem Satz ausdrücken: Gemeinsam (synodal) nach Lösungen zu suchen, ist effizienter, als einem allein (solo) die Entscheidung zu überlassen. Das gilt vor allem dann, wenn es um die Suche nach einer Beheimatung für die Zukunft geht. Wo dieser Platz sein wird, kann durch die Eingebungen des Heiligen Geistes nur synodal errungen werden.

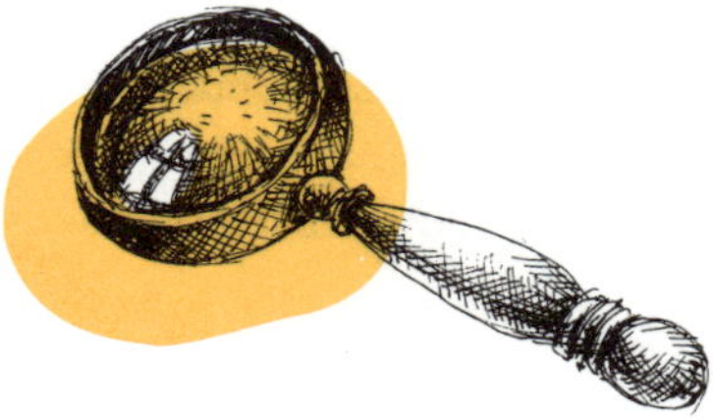

Leben ist Beziehung

Ein so schwieriges Thema wie die Trinität, die Dreifaltigkeit Gottes, muss der Papst erklären. Er kann es. In seiner Enzyklika „Laudato si'“, erschienen im Mai 2015, schreibt er dazu:

„Der Vater ist der letzte Ursprung von allem, der liebevolle und verbindende Grund von allem, was existiert. Der Sohn, der ihn widerspiegelt und durch den alles geschaffen wurde, hat sich mit dieser Erde verbunden, als er im Schoß Marias menschliche Gestalt annahm. Der Geist, das unendliche Band der Liebe, ist zutiefst im Herzen des Universums zugegen, in dem er neue Wege anregt und auslöst. Die Welt wurde durch die drei Personen, den einen göttlichen Ursprung, geschaffen.“

Papst Franziskus weist also darauf hin, dass die göttlichen Personen Beziehungen sind und auch die Welt ein Gewebe von Beziehungen ist. Göttliches Leben und das Leben der Schöpfung sind nichts anders als in Beziehung zu denken. Daraus folgert Papst Franziskus:

„... die menschliche Person wächst, reift und heiligt sich zunehmend in dem Maß, indem sie in Beziehung tritt, wenn sie aus sich selbst herausgeht, um in Gemeinschaft mit Gott, mit den anderen und mit allen Geschöpfen zu leben ... Alles ist miteinander verbunden, und das lädt uns ein, eine Spiritualität der globalen Solidarität heranreifen zu lassen.“

Damit sich menschliches Leben entwickeln kann, braucht es eine gesunde Beziehung zur Schöpfung. Es ist sehr erfreulich zu beobachten, wie immer mehr Kindertagesstätten und

Schulen diesen Gedanken mit in ihr pädagogisches Konzept aufnehmen. Sie laden Imker wie Imkerinnen ein, über ihre Arbeit zu sprechen und wenn möglich, Bienenvölker in den Gärten der Einrichtungen aufzustellen. Ja, es kommt vor, dass Kinder und Jugendliche gestochen werden. Aber das ist sehr selten und fast immer ungefährlich. Es kommt jedoch häufig vor, dass die Bienenvölker auf großes Interesse stoßen und die Interessierten eine Beziehung bekommen zu diesen nützlichen Fluginsekten. Und wo durch Interesse und Respekt Beziehungen entstehen, da gelingt das Leben.

Wo durch Interesse und Respekt Beziehungen entstehen, da gelingt das Leben.

Darum geht es im Kern bei der Trinität: Leben ist Beziehung, weil ein Leben ohne Beziehung keine Zukunft hat. Das haben wir bereits von den Bienenvölkern gelernt. Papst und Bienen haben es gut erklärt.

„O Gott, dreifaltig Einer,
du kostbare Gemeinschaft
unendlicher Liebe,
lehre uns, dich zu betrachten in
der Schönheit des Universums,
wo uns alles von dir spricht.
Erwecke unseren Lobpreis und
unseren Dank für jedes Wesen,
das du erschaffen hast.
Schenke uns die Gnade, uns innig
vereint zu fühlen mit allem, was ist.
Gott der Liebe, zeige uns
unseren Platz in dieser Welt
als Werkzeug deiner Liebe
zu allen Wesen dieser Erde,
denn keines von ihnen wird
von dir vergessen."

Papst Franziskus[24]

Bienenfleiß und Kirchenfleiß

Die Kinder starrten bereits seit fünf Minuten auf die Fluglöcher der Bienenstöcke. Ein paar Tage zuvor, als ich bei ihnen in der Kindertagesstätte war, hatte ich ein gewaltiges Schauspiel versprochen.

Im Sommer, so hatte ich angekündigt, fliegen täglich Zehntausende Bienen innerhalb weniger Stunden ein und aus, um Nektar zu sammeln. Auch hatte ich mit den Kindern über den sprichwörtlichen Bienenfleiß gesprochen und ihnen ein kleines Glas mit Honig gezeigt mit dem Hinweis, dass eine Biene dafür mehrmals eine Strecke so weit wie nach Afrika fliegen muss. Ich erzählte ihnen auch von den Wächterbienen, die kein Interesse haben, Menschen zu stechen, es aber tun, wenn sie durch aufdringliche Nähe und zu viel Bewegung vor dem Bienenstock gestört werden. Und ich hatte den Kindern einen herrlichen Duft versprochen, den die Bienen an besonders flugaktiven Tagen um den Stock verströmen, und sie eingeladen, bei ihrem Besuch auf das laute Summen zu achten, das entsteht, wenn gerade Hunderte Bienen geschlüpft sind und vor dem Bienenstock ein und aus fliegen.

Nun waren sie in den Garten mit den Bienenstöcken gekommen und fixierten erwartungsfroh und aufgeregt die Fluglöcher Aber ...

... keins meiner Versprechen erfüllte sich.

Wir hatten zwar Juni, doch es war ein völlig unterkühlter Regentag mit einer Temperatur um die +14°C. Am Flugloch tummelten sich ein paar Bienen, die aber nicht losfliegen wollten. Einige von ihnen lugten nur kurz aus dem Stock hervor, um gleich wieder darin zu verschwinden. Flog eine Biene dennoch aus, entzog sie sich nach wenigen Sekunden bereits unserem Blickfeld. Die Kinder waren sehr enttäuscht. Ich auch.

Noch ehe ich mich erklären konnte, waren die ersten schon abgelenkt. Sie fingen an, miteinander zu spielen, während andere leicht mürrisch zurück in die Kita wollten. Einigen war auch kalt und der „Holzkasten", den ich vollmundig als großes Schauspiel angekündigt hatte, war für sie einfach bloß langweilig.

Ich unternahm noch einen Versuch, ihr Interesse wiederzugewinnen. Ich rief nach ihnen mit der Bitte, an den Bienenstock zurückzukehren. Sie nahmen meine Einladung an – allerdings ohne spürbare Begeisterung –, denn nun war auch noch der Regen stärker geworden.

Einer der Bienenstöcke stand unter einem Baum. Hier war es noch trocken. Ich versammelte die Kinder um mich, sie standen müde neben mir. Das änderte sich rasch, als ich den Deckel des Bienenstocks abnahm ...

Geschützt unter einer Klarsichtfolie war nun für die Kinder das dichte Treiben unzähliger Bienen sichtbar. Zugleich war deutlich das Summen und Knistern der arbeitenden Fluginsekten zu hören, die sich von uns nicht ablenken ließen. Jetzt verstanden die Kinder, was ich mit Bienenfleiß meinte.

Ich lud sie ein, ihre kleinen Hände vorsichtig auf die Folie zu legen. Einige trauten sich. „Das ist ja ganz warm", stellte ein Kind fest. Und schon wollten alle anderen Kinder auch die Wärme des Bienenstocks fühlen. Ich erklärte ihnen, dass es im Stock jetzt ungefähr so warm ist wie beim Menschen die Körpertemperatur.

Immer wieder strichen die Kinder vorsichtig mit ihren Händen über die dünne Folie, so als wollten sie die Bienen wie einen Hund oder ein Kaninchen streicheln. Sie waren dabei ganz still. Ich verzichtete auf weitere Erklärungen, und die Kleinen genossen die Nähe zu den Bienen, die Wärme, die von ihnen ausging, sowie das Summen und Knistern, die deutlich zu hören waren. Als sie kurz darauf zurück in die Kita gingen, dachte kein Kind mehr an Kälte oder Regen.

*

Wer bei Regen vor Kirchen oder kirchlichen Einrichtungen steht, der kann ähnliche Erfahrung machen wie die Kinder. Dort tut sich scheinbar nichts mehr. Hin und wieder huschen vereinzelt Menschen durch Flügeltüren, aber dass es dahinter Leben gibt, dass dort gebetet, gearbeitet und gelebt wird, dafür gibt es von außen kaum Anzeichen.

Auch hier nehme ich jetzt einmal den „Deckel“ ab und schaue durch die „Klarsichtfolie“. Und ich bin selbst erstaunt, was ich bei unseren Kirchen, Gemeindehäusern und kirchlichen Einrichtungen sehe, höre und spürbar erlebe: Es gibt in Deutschland 22,2 Millionen Katholikinnen und Katholiken, die zu 9.858 Pfarreien gehören[25]. Viele von ihnen sind in ihren Gemeinden engagiert und ohne sie gäbe es keine Zeltlager und Besuchsdienste, keine nachhaltigen Vorbereitungen auf den Empfang der Sakramente und Gremienarbeit. Viele Ehrenamtliche tragen mit ihren liturgischen Diensten zur würdigen Feier von Gottesdiensten bei. Es gibt allein 360.000 überwiegend junge

Dass dort gebetet, gearbeitet und gelebt wird, dafür gibt es von außen kaum Anzeichen.

Menschen, die als Ministrant*innen aktiv sind. Insgesamt sind es um die 660.000 Jugendliche und 17 Jugendverbände, die sich in der Kirche und auf diese Weise auch für die Gesellschaft engagieren. Viele von ihnen helfen mit, der Kirche eine ökologische und nachhaltige Prägung zu geben.

Schaue ich weiter durch die „Folie", die das Innenleben sichtbar macht, sehe ich rund 9.400 Kindertagesstätten in katholischer Trägerschaft, wo 122.800 Mitarbeiter*innen 720.800 Kinder betreuen. Ich sehe 904 katholische Schulen, die von 359.500 Schüler*innen besucht werden. Ich sehe 25.000 Einrichtungen der Caritas, wo sich 700.000 hauptberufliche Mitarbeiter*innen um Menschen mit den unterschiedlichsten Bedürfnissen und Notlagen kümmern. Diese Einrichtungen werden durch das Engagement zahlreicher Ehrenamtlicher wesentlich mitgetragen.

Durch die „Folie" dringt auch Musik. Ich höre die Stimmen von 13.287 Chorgruppen mit 318.931 Mitgliedern. Ich höre 1.886 Gruppen für instrumentales Musizieren mit rund 18.500 Mitgliedern. Das alles ist unüberhörbar, weil noch 3.882 Kinder- und Jugendchöre dazukommen mit mehr als 70.000 Mitgliedern.

Aufgrund dieser vielen Menschen, die sich engagieren, ist auch eins deutlich zu spüren: Wärme. Sie wird dadurch verstärkt, dass allein 2020 durch Dienste der kirchlichen Flüchtlingshilfe etwa 154.000 Menschen auf der Flucht nicht allein gelassen wurden, sondern mit der Unterstützung von 34.700 Ehrenamtlichen Hilfe gefunden haben. Die Wärme wird noch spürbarer durch die Beratungsdienste in den Bistümern und Gemeinden. Hier finden Menschen in schwierigen, manchmal aussichtslosen Situationen, Beistand und Beratung durch fast 700.000 hauptamtliche, gut ausgebildete Fachkräfte. Sie helfen mit, in aussichtslosen Situationen neue Perspektiven für die Zukunft zu finden. Was für ein Segen!

Der Bienenfleiß, der selbst an verregneten Tagen nicht nachlässt, erinnert mich an den „Kirchenfleiß“, der auch in trüben Zeiten weitergeht. Zwar ist die Zahl der Priester in den letzten Jahrzehnten stark zurückgegangen, doch wurden 2020 noch mehr als 12.500 Welt- und Ordenspriester gezählt, die mit 3.245 Diakonen und 7.670 Pastoral- und Gemeindereferenten/innen das kirchliche Leben in den Gemeinden und Bistümern gestalten.

Ihre Dienste, der große Einsatz vieler Ehrenamtlicher und die zahlreichen kirchlichen Initiativen schaffen in vielen Bistümern lebendige Gemeinden und Angebote, die das Wirken Gottes sichtbar machen.

Wer an Regentagen vor einem Bienenstock oder einem Kirchengebäude steht, wird auf den ersten Blick enttäuscht sein – so wie die Kinder es waren –, weil dort nichts los zu sein scheint. Wer aber einmal reinschaut, der wird auf ein faszinierendes Leben stoßen und von der ganzen Aktivität vielleicht ähnlich begeistert sein, wie die Kinder es waren.

Süßer als Honig

Im elften Jahrhundert erteilte Abt Desiderius von Montecassino den Auftrag, eine Exsultet-Rolle anzufertigen. Das Exsultet (lateinisch: „Es jauchze") ist das gesungene Osterlob zu Beginn der Osternacht. Ein unbekannter Künstler brachte daraufhin damals den Text und eine passende bildliche Darstellung auf eine Papierrolle. Heute gehört diese Schriftrolle zu den schönsten illuminierten Handschriften der Romantik. Sie zeigt das Bild einer Krippe mit dem Christuskind, mit Maria und Josef sowie Ochs und Esel. Darüber schwirren unzählig viele Bienen. Wieso Bienen? Was haben sie in einer Krippendarstellung zu suchen?

Vielleicht ließ sich der Künstler von den Psalmen inspirieren: Die Weisungen Gottes sind *„süßer als Honig, als Honig aus Waben"* (Psalm 19,11). Oder er erinnerte sich an das Buch Exodus im Alten Testament. Dort empfängt Mose beim Hüten der Schafe von Gott die Verheißung: *„Ich bin herabgestiegen, um es der Hand der Ägypter zu entreißen und aus jenem Land hinaufzuführen in ein schönes, weites Land, in ein Land, in dem Milch und Honig fließen"* (Exodus 3,8).

Das Heil und das Wort Gottes lassen sich wunderbar vergleichen mit dem köstlichen Honig, der nicht nur gut schmeckt, sondern auch ernährt und heilt. So wie die Bienen den Nektar sammeln und in die Waben tragen, damit darin der Honig reift, so ist Maria gleichsam wie eine Bienenwabe, die den wertvollen Honig, Christus, in sich trägt. Nicht aber, um Christus für sich zu behalten, sondern um ihn abzugeben, damit andere davon leben können.

Die Bienen sammeln den Honig, damit sie ausreichend Nahrung für den Winter haben und so überleben können. Maria trägt Christus in sich, um der Welt das Leben zu bringen. Weihnachten lässt sie ihn im Stall von Bethlehem zur Welt kommen, damit die Welt von ihm lebt und durch ihn genährt und gerettet wird.

Auch die Kirche ist wie eine Wabe, die Christus in sich trägt. Aber nicht, um ihn dort zu konservieren, sondern ihn als das Heil der Welt zu verkünden. Christus, der will, dass alle gerettet werden, macht sich in Brot und Wein zur nahrhaften Speise für die ganze Welt. Eine Speise, die nicht nur schmeckt und nährt, sondern auch eine Arznei ist. In der Feier der Eucharistie, nach der Kommunionausteilung, betet der Priester still: *„Was wir mit dem Munde empfangen haben, Herr, das lass uns mit reinem Herzen aufnehmen, und diese zeitliche Speise werde uns zur Arznei der Unsterblichkeit.“*[26]

„Die Worte Gottes sind süßer als Honig aus Waben.“

Psalm 19,11

Honig ist gesund und richtig angewendet trägt er zu einem langen Leben bei. Aber für ein ewiges Leben reicht er nicht aus. Im Johannesevangelium sagt Christus: *„Ich bin das lebendige Brot, das vom Himmel herabgekommen ist. Wer von diesem Brot isst, wird in Ewigkeit leben“* (Johannes 6,51).

Christinnen und Christen verbindet die Verheißung, dass ihnen ewiges Leben geschenkt wird. Der dichteste Ausdruck dieses Glaubens ist die gemeinschaftliche Feier der Eucharistie und der Empfang der heiligen Kommunion. Daher feiern Christgläubige am Sonntag – das ist der Auferstehungstag Jesu – die heilige Messe und empfangen das Brot, das ihnen ewiges Leben verheißt.

Dass die Sehnsucht nach ewigem Leben schon seit Jahrtausenden die Menschheit begleitet, zeigen unter anderem die Pyramiden der Ägypter. Durch die Mumifizierung sollten die verstorbenen Pharaonen für ein unvergängliches Leben vorbereitet werden. Dabei spielte Honig eine wichtige Rolle. Man fand ihn unter anderem in den Pyramiden. Zum einen als Grabbeigabe des Pharaos, denn im alten Ägypten wurde er als „Speise der Götter“ angesehen. Zum anderen diente Honig als Konservierungsmittel für den Leichnam des Pharaos. Eine Mischung aus Öl und Honig sollte den Körper vor dem Verwesen schützen. Auch wenn sich Honig tatsächlich bei optimalen Bedingungen (kühl, trocken und im Dunklen aufbewahrt) Jahrhunderte halten kann, hat er den Verfallsprozess der Leichname wohl verzögert, aber nicht aufhalten können. Honig schenkt nun mal kein ewiges Leben.

Die Auferstehung Jesu allerdings lässt uns daran glauben, dass es dennoch ein Mittel, eine Arznei gegen den Tod gibt: den Leib Christi. Und Jesus Christus selbst hat verheißen: Wer davon isst, *„wird in Ewigkeit leben (...); hat das ewige Leben und ich werde ihn auferwecken am Jüngsten Tag“* (Johannes 6,51+54).

Glück für die Völker

Im Januar 2021 kehrt der russische Politiker Alexej Nawalny nach dem Überleben eines Giftanschlags nach Russland zurück. Eine gefährliche Entscheidung! Denn es gibt den dringenden Verdacht, dass ihm das Nervengift Nowitschok durch den russischen Geheimdienst verabreicht wurde. Bereits am Flughafen wird Nawalny von der russischen Polizei verhaftet und wenig später vor Gericht gestellt. Wieder einmal, denn der Regimekritiker wird von der politischen Führung Russlands wegen seiner deutlichen Worte gefürchtet. Immer wieder wurde er bedroht und saß schon häufiger hinter Gittern.

Nawalny nimmt kein Blatt vor dem Mund, wenn er die Missstände in seiner Heimat anprangert. Er wird auch jetzt angeklagt und verurteilt. Wieder muss er ins Gefängnis. Bevor er abgeführt wird, steht dem Angeklagten noch ein Schlusswort zu. Ich finde seine Rede in der Wochenzeitung „Die Zeit“.[27] Eine lange Rede. Ich lese sie am Bienenhaus, direkt neben den Bienenstöcken. Ich muss dauernd aufschauen ...

Es ist Sommer und die Bienen fliegen ein und aus. Mir bereitet es viel Freude, ihrem organisierten Treiben zuzusehen. Zehntausende summende Bienen pro Volk (es sind insgesamt sieben Völker) werden es gewiss schaffen, dass es am Abend wieder im Garten nach Honig duften wird. Es ist entspannend, hier zu sitzen. Hektik kommt durch die fleißigen Bienen allerdings nicht auf. Der Flug der

Hunderttausenden lässt sich vielmehr als friedliches Fließen zwischen Himmel und Erde beobachten.

Mein Blick ruht lange auf diesem beweglichen Bild zwischen herein- und hinausgleitenden Bienen, einer Blumenwiese und ziehenden Wolken. Nur schwer finde ich zurück zum Artikel ...

Was da steht, passt so gar nicht zu dem, was mich hier erholen lässt. *„Tja, ich soll also mein Schlusswort sprechen, spreche ich also mein Schlusswort“*, sagt Nawalny. *„Es macht mir zwar keinen Spaß, hier zu sein, aber ich bedauere auch keinesfalls meine Rückkehr ... ja, es klingt ziemlich abgedreht. Ganz ehrlich: Menschen, die so etwas sagen, wirken schlichtweg verrückt. Es sitzt also irgendein Verrückter mit zerzausten Haaren in seiner Zelle und versucht, sich aufzumuntern. Solche Menschen sind natürlich einsam, sie sind allein, weil niemand sie braucht. Und das Wichtigste, was dieser Machtapparat, was unser ganzes System solchen Menschen sagen will: ‚Du bist allein. Du bist ein Einzelgänger.‘ Zuerst Angst einjagen und dann zeigen, dass du allein bist. Ja, die Sache mit der Einsamkeit ist sehr wichtig. Es ist ein sehr wichtiges Ziel dieses Regimes.“*

An dieser Stelle schaue ich wieder auf. Der Gegensatz zwischen dem, was ich lese und dem, was ich sehe, kann nicht größer sein. Es ist bedrückend. „Warum machen Menschen das?“, frage ich mich. Systematisch Einsamkeit herstellen?

Ich richte meinen Blick auf die Bienen. Und sofort wird mir klar: Ihnen geht es um systematische Gemeinschaft. Nur das lässt sie beispielsweise über Monate einen eiskalten Winter überstehen. Die Winter in Russland sind länger als hier in Deutschland.

Isolation – als Waffe gegen Kritiker eingesetzt – bedroht auf Dauer nicht nur die Regimegegner, sie kann ein ganzes Volk umbringen, weil Vertrauen und Zuversicht fehlen.

Ohne Vertrauen und Zuversicht haben ganze Staaten auf Dauer keine Zukunft.

Was macht ein Einzelner mit gebundenen Händen gegen einen ganzen Staat? *„Ich bin ein gläubiger Mensch"*, erklärt Nawalny und weiter: *„... das hilft mir sehr bei dem, was ich tue. Es macht alles viel, viel einfacher. Ich grüble weniger, ich habe weniger Dilemmas in meinem Leben – denn es gibt da so ein Buch, das mehr oder weniger genau beschreibt, was man in solchen Situationen zu tun hat. Es ist natürlich nicht immer einfach, sich daran zu halten, aber ich versuche es im Großen und Ganzen ... Kürzlich hat mir jemand geschrieben: ‚Du, Nawalny, ... Du hast doch in einem Interview gesagt, du glaubst an Gott und es steht ja geschrieben: ‚Selig sind, die da hungern und dürsten nach der Gerechtigkeit, denn sie sollen satt werden.' Dann geht es dir doch bestens!' – Und da dachte ich mir: Da versteht mich ja jemand richtig gut!"*

Ich kenne Alexej Nawalny kaum. Ich weiß auch nicht, wie viel Selbstdarstellung hinter seinen Aktionen steckt. Aber seine Rede vor dem Moskauer Stadtgericht im Februar 2021 zeigt mir einen Menschen, der versucht, durch seinen Glauben aus der Einsamkeit herauszufinden. Das macht ihn stark und voller Hoffnung. Er schließt seine Rede selbstbewusst mit den Worten: *„Russland wird glücklich sein. Ende der Durchsage."* Dann geht er ins Gefängnis.

Wie lange wird er das noch durchhalten? Nawalny weiß, dass viele Menschen an ihn denken und für ihn beten. Das kann der russische Staat nicht verhindern. Aber die Kirche kann es fördern! Ein wirksames Mittel gegen die Einsamkeit ist das Fürbittgebet.

In den Fürbitten solidarisiert sich die Kirche durch ihr Gebet mit den Opfern staatlicher Gewalt und fordert die Machthaber auf, die Unrechtszustände unverzüglich aufzuheben, weil sie gegen Gottes Gebote sind. Beten ist in dieser Weise ein politisches Bekenntnis der Kirche, das

Verfolgte und Gefangene unterstützt und staatliche Repressalien kritisiert.

Nawalny weiß um das Gebet der Vielen für ihn und er glaubt an die Kraft des Gebets. Auch wenn der Staat ihn durch erzwungene Isolation brechen will, weil Einsamkeit auf Dauer jeden Menschen bricht, weiß er, er ist nicht allein. Das Fürbittgebet stützt nicht nur ihn und andere politisch Verfolgte, es sorgt für jeden, der einsam ist.

Solange die Kirche Fürbitte hält, kann jeder Mensch darauf vertrauen, dass andere ihm zur Seite stehen. Das lässt vieles ertragen und manche schöpfen daraus so viel Kraft, dass sie Wege aus der Einsamkeit finden.

Beten ist ein politisches Bekenntnis der Kirche, das Verfolgte und Gefangene unterstützt und staatliche Repressalien kritisiert.

Am Bienenhaus wird es langsam Abend. Der Duft von Honig steigt bereits auf. Es war ein guter Tag für die Bienen. Ihre systematische Zusammenarbeit hat sich ausgezahlt. Die Bienen wissen, sie können sich aufeinander verlassen und niemand von ihnen ist ohne Aufgabe oder Bedeutung. Auch wenn das Leben einer Sommerhonigbiene oder einer Drohne nur kurz ist, bis zu ihrem Tod gibt es keine Einsamkeit, geschweige denn die Idee, Isolation als Waffe gegen andere einzusetzen. Bei den Menschen ist das anders.

Ich persönlich glaube mit Alexej Nawalny an die Kraft des fürbittenden Gebetes, weil sie stärker ist als das Unterdrückungsinstrument Einsamkeit. Und mit ihm glaube ich an das Glück. Nicht nur für Russland, sondern für alle Völker.

Wenn Beten ist wie Kühlen

In ihrem Stock müssen Bienen vor allem für Wärme sorgen. Nicht nur im Winter, sondern auch wenn es um die Aufzucht der Brut geht. Das Brutnest der Honigbiene ist ein sehr kälteempfindlicher Bereich. Der Imker fühlt die Wärme, wenn er im Frühjahr den Stock öffnet und seine Hand vorsichtig oben auf die Waben legt. Ist es dort warm, selbst wenn die Außentemperatur nur um die +10°C beträgt, dann weiß er, dass die Brut in vollem Gange ist.

Bienen erzeugen Wärme durch ihre Flugmuskelbewegungen. „Heizer" werden diese Bienen genannt. Sie erhöhen durch das Muskelzittern die Temperatur in ihrem Brustbereich auf bis zu +43°C, allerdings nur für circa eine halbe Stunde. Dann brauchen sie eine Pause und wieder Nahrung. Aber in diesen 30 Minuten pressen sie ihre Brust direkt auf die Brut, die dadurch so stark aufgewärmt wird, dass sie noch lange warm bleibt.

Sogenannte „Tankstellenbienen" pendeln zwischen den Vorräten und den Brutwaben hin und her und versorgen die „Heizer" durch eine Mund-zu-Mund-Fütterung. Logistisch ist das äußerst klug gelöst: Es bedeutet, die wärmeproduzierenden Bienen können bei der Brut bleiben, während andere sie mit Honig ernähren.[28]

Doch Bienen haben nicht nur für Wärme zu sorgen. Ein funktionierendes Bienenvolk braucht von Zeit zu Zeit auch eine deutliche Abkühlung. Wenn nämlich eine Hitzeperiode im Sommer zu Temperaturen über +35°C führt, könnte das auf Dauer die Brut bedrohen. Der Mittelwert der Temperatur für heranwachsende Bienen in den Waben liegt zwischen +33°C und +35°C. Wird diese Temperatur länger überschritten, vernichtet dieser Zustand die Brut. Die Umgebung muss also dringend gekühlt werden. Dazu sammeln Arbeitsbienen Wasser.

Ich habe mich häufig gewundert, warum Bienen so oft an Wasserstellen zu finden sind und es damit begründet, dass ihr ständiger Zuckerkonsum sie so durstig macht. Das reicht als Antwort aber nicht aus. Bienen transportieren bei Hitze nämlich Wasser in den Stock, um ihn zu kühlen. Das Wasser wird von ihnen

als hauchdünner Film über die Brut ausgebreitet. Durch ihr Flügelschlagen entsteht dann eine Luftbewegung, die zur Verdunstung des Wassers führt und der Brut die Hitze nimmt. Falls erforderlich, positionieren sich die Bienen sogar so auf den Waben, dass im gesamten Stock eine Luftströmung hergestellt wird, die die warme Luft durch das Einflugloch nach draußen transportiert. Bienen müssen also nicht nur heizen, sie müssen auch kühlen können, damit das Bienenvolk überlebt.

*

Auch das Kirchenvolk braucht in hitzigen Zeiten Abkühlung, damit es zukunftsfähig bleibt. Dazu gibt es ein eigenes Gebet. Es ist über 800 Jahre alt und wird vor allem zum Gründungsfest der Kirche, Pfingsten, gesungen:

Komm herab, o Heiliger Geist,
der die finstre Nacht zerreißt,
strahle Licht in diese Welt. …
In der Unrast schenkst du Ruh,
hauchst in Hitze Kühlung zu,
spendest Trost in Leid und Tod.

Was lässt die Kirche in diesem Sinne „abkühlen"? Welche Gewissheit schenkt, wenn es im Leben hoch und hitzig her geht, Klarheit? Es ist die Zusage Jesu: *„Und siehe: Ich bin mit euch alle Tage bis zum Ende der Welt"* (Matthäus 28,20). Diese Gewissheit, dass Christus seine Kirche nicht verlässt, kann erhitzte Gemüter wieder beruhigen. Der Blick auf den menschgewordenen Gott Jesus Christus, *„gekreuzigt, gestorben und begraben, hinabgestiegen in das Reich des Todes, am dritten Tage auferstanden von den Toten, aufgefahren in den Himmel, er sitzt zur Rechten Gottes des* *allmächtigen Vaters*", schenkt Gläubigen – wie hier ausgedrückt im Apostolischen Glaubensbekenntnis – die Hoffnung, dass Christus wiederkommen wird, *„zu richten die Lebenden und die Toten*".

Christus, der war, der ist und der kommen wird, schenkt Gerechtigkeit. Gerechtigkeit schafft Frieden und Versöhnung. Aus dieser Zuversicht kann die Kirche ihre Zukunft gestalten. Wo sie das jedoch nicht mehr sieht und Angst um ihre Zukunft hat, läuft sie sich heiß und überhitzt.

Aber es geht im Glauben nicht um die Zukunft der Kirche. Es geht vielmehr um ihr Zeugnis in der Gegenwart, das sich aus den Weisungen und Verheißungen des Evangeliums nährt. Heute geht es darum, die Liebe Gottes im Hier und Jetzt der Welt zu bezeugen. Die Gegenwart aus dem Geist des Evangeliums zu gestalten, ist die Zukunft der Kirche. Dadurch bewegt sich der Blick weg von der Sorge um ihre Zukunft hin zum Nächsten. In diesem Menschen begegnet die Kirche Christus, der seine Gegenwart „alle Tage" zugesagt hat.

Die Gegenwart aus dem Geist des Evangeliums zu gestalten, ist die Zukunft der Kirche.

So gibt es in der Kirche keinen Tag ohne Christus. Gott sei Dank! Diese Verheißung haucht in Zeiten der Hitze Kühlung zu.

Vegetarische Wespen

Ab Mitte August beginnt bekanntlich die Pflaumenkuchensaison. Familien sitzen dann draußen und genießen ihn mit frischer Sahne. Die Stimmung ist bei einem solchen Kuchenessen oft großartig. Doch sie hält nicht lange an. Wie aus dem Nichts sind sie da ... die hungrigen und scheinbar angriffslustigen Stechinsekten, die um den Kuchen schwirren und zu heftigen Handbewegungen führen. Eltern warnen sofort ihre Kinder: „Nicht schlagen, dann tun euch die Bienen nichts." Nicht alle Kinder glauben das und versuchen trotzdem die gefährlichen Insekten zu vertreiben.

Manchmal passiert auch Folgendes: Ein Tier setzt sich auf den Pflaumenkuchen und will sich dort sattessen. Das Kind übersieht das Insekt und nimmt ein Stück Kuchen in den Mund. Mit dem Insekt. Wenige Sekunden später lautes Schreien; Panik bricht aus.

Zum Glück kommt es nur selten vor, dass Menschen im Rachenbereich gestochen werden. Das ist in der Tat gefährlich und muss sofort durch einen Arzt behandelt werden. Denn durch mögliche Schwellungen in Mund und Hals droht Erstickungsgefahr.

Viel häufiger aber kommt es vor, dass solche „Attacken" Bienen zugeschrieben werden. Dabei interessieren sich Bienen nur äußerst selten für Pflaumenkuchen mit Sahne. Es sind vielmehr Wespen, die erst im späten Sommer ihre maximale Volksgröße erreichen und massenhaft in Erscheinung treten.

Dass Bienen oft mit Wespen verwechselt werden, liegt daran, dass sie den gleichen Körperaufbau und jeweils einen Stachel besitzen. Außerdem sind Bienen farblich ähnlich gelb wie Wespen gezeichnet. Und wissenschaftliche Studien des Museums für Naturkunde in Berlin belegen, dass Bienen tatsächlich von Wespen abstammen.

Wie ist das zu verstehen? Wespen fressen andere Insekten, um damit ihren Eiweißbedarf zu decken. Deshalb besitzen sie auch Beißwerkzeuge, um ihre Beute zu zerkleinern und zu fressen. Bienen dagegen sammeln als Eiweißquelle ausschließlich Blütenpollen, die sie mit Nektar mischen und über ihren Saugrüssel aufnehmen. Durch das Aufkommen der Blütenpflanzen vor etwa 100 Millionen Jahren kamen Wespen mit dem Pollen als Eiweißquelle in Berührung. Nach einem langen Anpassungsprozess entstand eine neue Wespenart, die sich allein durch Pollen und Nektar ernährte und nicht mehr jagen musste, um an Eiweiß zu kommen. Die Biene, eine vegetarische Wespe, war geboren.[29]

Dass sich aus fleischfressenden Wespen Bienen entwickeln konnten, hängt damit zusammen, dass sich der Verzicht auf das Jagen als Vorteil erwiesen hat. Beute jagen kostet das Insekt wertvolle Energie. Etwas einzusammeln ist einfacher!

Die Biene als neue Insektenart hat sich also dank ihrer vegetarischen Lebensweise durchgesetzt. Offensichtlich ist diese Lebensform zukunftsfähiger, als zu viel auf Fleisch zu setzen.

*

Ich selbst bin kein Vegetarier und will es auch nicht werden. Aber die Bienen inspirieren mich, meinen Fleischkonsum zu überdenken. Ich frage mich: Wie viel Zukunft steckt in der Art und Weise, wie ich mich ernähre? Dass ich meine Ernährung auch umstellen kann, lerne ich aus der Geschichte der Bienen. Mittlerweile bin ich schon so weit, dass Fleisch von meinem täglichen Speiseplan gestrichen wurde.

In diesem Zusammenhang erinnere ich mich noch an den Begriff „Sonntagsbraten". Früher gab es in unserer achtköpfigen Familie hauptsächlich sonntags, nach dem Messbesuch, Fleisch auf den Tisch oder an besonderen Festtagen wie Ostern oder Weihnachten. Fleisch als ein wertvolles und nicht preisgünstiges Lebensmittel sollte einen angemessenen Anlass zum Verzehr haben, das war damals der landläufige Gedanke und sorgte für eine gerechte Bezahlung der in der Landwirtschaft Tätigen.

Heute ist das Thema Fleischkonsum vor allem angesichts der Themen Klimadebatte und Tierwohl hochaktuell, denn das Ausmaß und der Umfang des Fleischverzehrs in Deutschland und anderen Ländern ist schon längst nicht mehr zukunftsfähig und verantwortbar. Die Fleischerzeugung ist zu billig, die Tierhaltung oft nicht artgerecht und der Klimaschaden angesichts entstehender Treibhausgase horrend. Kirchen fordern daher eine Reduzierung des Fleischkonsums und regen sogar eine „Rückkehr zur alten Tradition des Sonntagsbratens"[30] an. So fordert beispielsweise die evangelische Kirche in Deutschland (EKD) in einem Grundsatzpapier unter der Überschrift „Nutztier und Mitgeschöpf"[31] mehr Wertschätzung für Tiere.

Wie wäre es, wenn Kirche einlädt, unseren Konsum und Tiere als Mitgeschöpfe bewusster wertzuschätzen?

Dass das Interesse an den Bienen meinen Fleischkonsum derart beeinflussen würde, hätte ich nie gedacht. Ich frage mich nun einerseits, ob nicht die Beschäftigung mit den Bienen und der Imkerei einen festen Platz in unserem Bildungssystem haben könnte? Unserer Umwelt könnte es von großem Nutzen sein. Und andererseits: Wie wäre es, wenn Kirche heute noch viel bewusster einlädt, alte Traditionen wiederzubeleben oder diese in einem neuen Gewand zu kultivieren, um unseren Konsum und Tiere als Mitgeschöpfe bewusster wertzuschätzen? Der alte Sonntagsbraten kann ein Anfang sein. Auch in einem ganzheitlichen Sinne – man denke das nur einmal weiter –, um beispielsweise die Familie zu versammeln, wenn mal wieder ein besonderes Stück Fleisch auf den Tisch kommt.

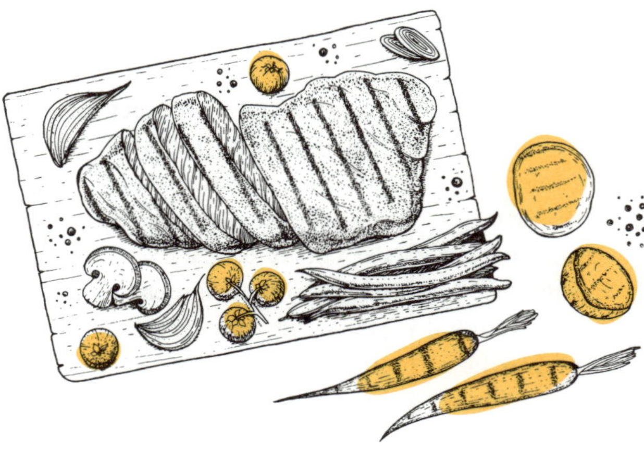

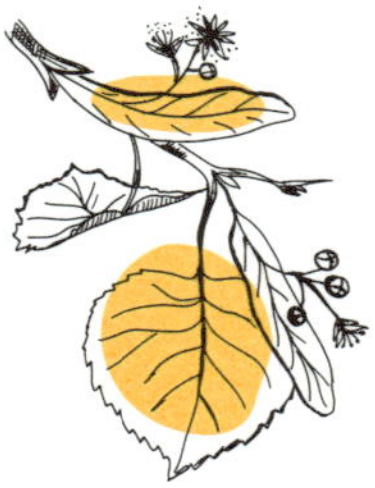

Bienensegen

Der Mensch in Europa war früher wesentlich abhängiger von der jährlichen Ernte als heute. Ernteausfälle waren existenzgefährdend und konnten zu tödlichen Hungersnöten führen. Ein grausames Beispiel in der europäischen Geschichte ist die Große Hungersnot in Irland von 1845 bis 1849. Durch eine damals neuartig aufgetretene Kartoffelfäule gab es hintereinander mehrere Missernten und mindestens eine Million Menschen verhungerten.

Weitere Beispiele lassen sich ohne Weiteres nennen, wo Menschen durch Wetterereignisse, Krieg und Seuchen von Hungersnöten heimgesucht wurden. Da lag es oft nahe, sich mittels Magie und Zauber zu helfen. Wo also die Verfügbarkeit über die Ernte begrenzt war, sollte durch einen Zauberspruch oder eine Beschwörung die Ernte gesichert werden.

Der sogenannte „Lorscher Bienensegen“ aus dem 10. Jahrhundert könnte von einem solchen Zauberspruch abgeleitet worden sein. Bienen waren wegen ihrer Honig- und Wachsproduktion für ihre Besitzer eine sichere Einnahmequelle, doch der Völkerverlust durch das Schwärmen führte zu schweren Umsatzeinbrüchen. Beobachtete damals ein Imker, dass sich aus einem Bienenvolk ein Schwarm löste, hoffte er, dass er ihn einfangen könnte. Damit hätte er ein neues Volk gewonnen. Hatte sich der Schwarm aber weit oben an einem Ast niedergelassen und der Imker bräuchte viel Zeit, ihn zu erreichen, dann hoffte er, dass die Bienen nicht zu früh wieder aufbrächen, um in weiter Ferne ein neues Zuhause zu beziehen. Das Volk wäre verloren. Damit das nicht ungefährliche Einfangen auch gelingen würde, wurde oftmals ein Segen gesprochen. Dieser Bienensegen klingt fast wie eine Beschwörung, die deutlich macht, in welcher Not der Imker geriet, der seine Völker nicht halten konnte.

Christ, der Bienenschwarm ist hier draußen!
Nun fliegt, ihr meine Bienen, kommt.
Im Frieden des Herren, unter dem Schutz Gottes
kommt gesund zurück.
Sitzt, sitzt, Bienen.
Der Befehl kommt von der Jungfrau Maria.
Ihr habt keinen Urlaub.
Fliegt nicht in den Wald.
Weder sollt ihr mir entgleiten.
Oder vor mir flüchten.
Sitzt im absolut Stillen
und erfüllt Gottes Willen.[32]

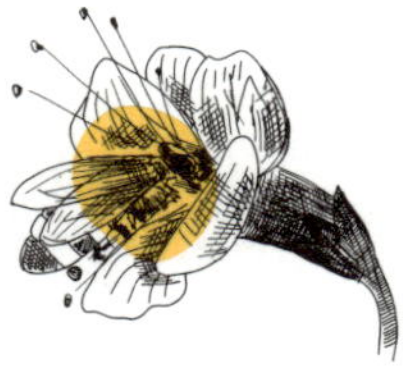

Der Lorscher Bienensegen gehört zu den ältesten gereimten Dichtungen in deutscher Sprache. Das Original befindet sich heute im Vatikan. Dass aus einem Zauberspruch ein Segen geworden ist, hängt mit einer veränderten Weltsicht zusammen.

Denke ich die Welt als Ort konkurrierender Mächte, mit denen ich in Kontakt treten kann, dann mag es Sinn machen, mit ihnen zu verhandeln und entweder die eine oder die andere Seite zu beschwören. Denke ich dagegen die Welt als Gottes gute Schöpfung, zu der ich gehöre, dann bitte ich ihn um seinen Segen, damit ich erkenne, wie groß und wunderbar ist, was Gott geschaffen hat. Sein Segen wird in mir das Vertrauen stärken, dass der Schöpfer für seine Schöpfung sorgt, auch für Mensch und Tier. Und wenn ich einen Schwarm verliere, weiß ich doch, dass woanders womöglich ein neues Volk entstehen kann. Und wer weiß, vielleicht fliegt mir plötzlich und unerwartet ein Schwarm zu und lässt sich in meiner Nähe nieder – das passiert einem Imker immer mal wieder –, dann ist die Freude groß: Es ist ein neues Volk für mich, ganz ohne Magie und Zauberei. Es ist Gottes Schöpfung, die mich beschenkt. Es ist ein Segen!

Gottes Schöpfung ist es, die beschenkt.

Summen gegen Einsamkeit

Ältere Menschen leiden des Öfteren unter Einschlafstörungen. Das liegt nicht unbedingt daran, dass es in ihrer Schlafumgebung zu laut ist. Im Gegenteil: Es ist ihnen oftmals zu still. Ein Beispiel: Die hochwertigen doppel- oder dreifachverglasten Fenster, oft schallisoliert, in den Seniorenheimen von heute führen nicht selten dazu, dass eine ehemals berufstätige Frau, die zugleich noch eine Familie mit drei Kindern hatte und es partout nicht anders kannte, als dass Geräusche und Stimmen um sie herumschwirrten, im Alter einer totalen Stille ausgesetzt sein kann. Nimmt man dazu noch das nachlassende Hörvermögen im Alter, kann für manche die Ruhe schier unerträglich werden.

Wie komme ich darauf? Nun, mir ist bei Hausbesuchen Folgendes aufgefallen: Als ich alten Menschen die Kommunion brachte, kam es immer wieder vor, dass diese über Einsamkeit und Schlafstörungen klagten. Sie litten unter mangelndem Besuch und darunter, dass sie bereits tagelang mit niemandem gesprochen hatten. Außerdem konnten sie kaum noch das Fernsehprogramm ertragen, geschweige denn des Nachts einschlafen. Stundenlang lagen sie wach und waren tagsüber entsprechend müde.

Ich habe mir das alles angehört und war ratlos, wie ich ihnen helfen könnte. Als ich dann mit ihnen betete, fiel mir auf, dass sie beim Vorbeten häufig direkt einschliefen. Die Situation war dann amüsant wie skurril. Denn betete ich beispielsweise einen Psalm und blickte nach einiger Zeit auf, sah ich in das Gesicht eines alten Menschen, der vor wenigen Momenten noch seine Schlaflosigkeit beklagt hatte und auf einmal vor mir tief und fest schlief.

Offensichtlich brauchte ihr Schlaf nicht die Ruhe, sondern das Gefühl von Geborgenheit und Gemeinschaft. Etwas, das vor allem einsame Menschen besonders spüren, die nur dann einschlafen können, wenn jemand da ist und sich durch seine Stimme bemerkbar macht.

Bienen schlafen auch. Sie benötigen aber nur etwa ein Drittel der Schlafmenge eines Menschen. Beim Schlaf drücken sie ihren Kopf und Hinterleib zwischen zwei Waben und lassen dann ihre Beine und Fühler entspannt nach unten hängen. So verbleiben sie für circa 30 Minuten. Dieser Vorgang wiederholt sich mehrmals – vor allem nachts.

Bienen schlafen allerdings nicht in Ruhe, sondern in einer Vibrationskulisse, die von einem weichen Dauersummen geprägt ist. Sie hören zwar nicht, aber sie spüren die unmittelbare Nähe ihrer „Mitbienen", die ihnen vermitteln, dass sie einem verlässlich schützenden Organismus angehören. Wer sich in einer Sommernacht einem Bienenvolk nähert, der kann diese Vibrationen als gleichmäßiges Summen hören. Folglich ist es in einem Bienenstock niemals still, sonst wäre das Volk tot. Bienen finden also durch das Summen der Vielen in den Schlaf.

Bienen finden durch das Summen der Vielen in den Schlaf.

Diese Vibrationen voller Geborgenheit und Gemeinschaft fehlen manchem Menschen, der nicht schlafen kann. Einige haben es sich angewöhnt, deshalb vor dem Fernseher einzuschlafen. Es sind dann diese Stimmen und Geräusche im Hintergrund, die sie in den Schlaf begleiten. Manche meiden sogar ihr Schlafzimmer, weil es ihnen dort zu still und einsam ist.

Als mir die alleinstehenden Personen von ihren Schlafproblemen erzählten, versuchte ich anschließend mit ihnen und gegebenenfalls mit ihren Angehörigen tiefer darüber ins Gespräch zu kommen. Gemeinsam haben wir dann nach den Ursachen für die Schlaflosigkeit und nach Wegen aus der Einsamkeit gesucht. In einem Fall konnte allein schon der tägliche Anruf der Kinder und Enkelkinder vieles bewirken, ja Geborgenheit und Gemeinschaft schenken.

Hin und wieder ist es nötig – auch im Raum von Kirche – sich bewusst zu machen, dass Gemeinschaft und Geborgenheit nur dann auch für den Einzelnen zu spüren ist, wenn zwischenmenschlich etwas zum Schwingen gebracht wird, wenn Begegnung stattfindet, wenn im Miteinander das Füreinander greifbar wird. Gott selbst, der in ständiger Gemeinschaft mit seinem Sohn, Jesus Christus, und dem Heiligen Geist lebt, hat seine Geschöpfe auf diese Gemeinschaft hin angelegt. Als Menschen können wir uns da sicher ein Beispiel an den Bienen nehmen, die anderen um uns herum das auch öfter spüren zu lassen.

Wenn Menschen Bienen ersetzen müssten …

Die Norwegerin Maja Lunde veröffentlichte 2015 ihren Roman „Die Geschichte der Bienen“. Viele Menschen haben dieses Buch gelesen. Erzählt wird unter anderem von der Arbeiterin Tao, die wie viele andere Frauen aus ihrer Heimat in Sichuan, China, im Jahr 2098 als „Blütenbestäuberin“ arbeiten muss. Warum? – Es gibt keine Bienen mehr!

Wie verwachsene Vögel balancierten wir auf unseren Ästen, das Plastikgefäß in der einen Hand, den Federpinsel in der anderen. Langsam, so vorsichtig ich konnte, kletterte ich aufwärts. […] Ich war nicht geschaffen dafür, und trotzdem musste ich jeden Tag hier sein, zwölf Stunden am Stück. […] Ich stellte mein rechtes Bein auf einen noch höher gelegenen Ast und zog das linke behutsam nach, bis ich endlich eine sichere Arbeitsposition gefunden hatte. Unbequem, aber stabil. Von hier aus erreichte ich auch die obersten Blüten. Das kleine Plastikgefäß war gefüllt mit luftigem, leichtem Gold der Pollen, das zu Beginn des Tages exakt abgewogen und an uns verteilt wurde, jede Arbeiterin erhielt genau die gleiche Menge. Nahezu schwerelos versuchte ich, unsichtbar kleine Mengen zu entnehmen und in den Bäumen zu verteilen. Jede einzelne Blüte sollte mit dem kleinen Pinsel bestäubt werden, […][33]

Was hier als Fiktion erzählt wird, ist in China heute schon Realität. Nicht Bienen, sondern Scharen von Menschen machen sich in der Region Sichuan auf den Weg in die Obstplantagen und bestäuben dort die Blüten.

Angefangen hat die ganze Misere 1958. Chinas erster Staatspräsident Mao Zedong befahl damals, so viele Spatzen wie möglich zu töten. Er sah in den kleinen Vögeln, die so gern Körner fressen, eine Bedrohung für die Getreideernte seines Landes. Hunderte Millionen Vögel wurden daraufhin in kurzer Zeit auf Befehl des „Großen Vorsitzenden" vernichtet. Nun fehlten plötzlich die natürlichen Feinde der Insekten. Und weil es die Spatzen nicht mehr gab, konnten sich Insekten extrem vermehren und vernichteten die Ernte. Jetzt musste die Chemie helfen. Das war das Ende vieler Insekten, die die Ernte bedrohten; es war aber auch das Ende der Bienen.

Auch wenn sich die Bienenpopulation in den vergangenen Jahren in China etwas erholt hat, dürfen wir Tao nicht vergessen. Warum?

Weil Menschen Bienen nicht wirksam ersetzen können. Ein Bienenvolk kann pro Tag Millionen Blüten bestäuben. Sollten Menschen diese Arbeit erledigen, wären Tausende Arbeitskräfte dazu notwendig.[34] Meine sieben Völker im Garten des Priesterseminars Osnabrück leisten also täglich eine Arbeit, die sonst von Zehntausenden Menschen erledigt werden müsste. In finanziell angespannten Zeiten wie heute bin ich versucht, die täglichen Lohnkosten dafür zu ermitteln. Diese Kosten werden mit Sicherheit höher liegen als der finanzielle Aufwand, um sieben Bienenvölker anzuschaffen und zu betreuen.

Ich habe es in der Hand, etwas zu verändern.

Aber was mir noch viel wichtiger ist: Bienen gehören zum Wesen eines natürlichen Gartens. In seiner Umgebung können wir nach einem anstrengenden Tag auftanken und neue Kraft schöpfen. Gibt es dort keine Bienen mehr, wird es still im Garten. Zu still. Totenstill. Das ist dann keine Erholung mehr, sondern eine Bedrohung.

*

Ob es bei uns auch so kommen wird, wie es in Lundes Roman beschrieben ist? – Das weiß ich nicht. Ich glaube aber, die Figur Tao hat eine Bedeutung für uns. Heute stellen sich die Fragen, die unser Zusammenleben mit der Schöpfung von morgen betreffen:

- Wie arbeitet die Landwirtschaft und wie gehen wir mit Pestiziden um?
- Wie lange werden noch Flächen in unserem Land versiegelt und der natürliche Lebensraum von Bäumen, Pflanzen und Tieren weiter eingeschränkt?
- Wie gestalte ich meinen Garten?
- Bin ich bereit, mein Mobilitätsverhalten zu überdenken?
- Wie ernähre ich mich, damit sich auch andere nachhaltig ernähren können?

Ich stelle diese Fragen bewusst so, dass sie zuerst mich persönlich angehen. Denn warte ich immer erst auf die anderen, ist es schon morgen. Das ist zu spät!

Überlegen Sie mal: Wie oft warten wir auch im Raum von Kirche und Politik, dass sich etwas ändert? Dass sich zum Beispiel jemand meldet, einen Dienst beginnt und Initiative ergreift? Dass ein Aufbruch beginnt, ehe es zu spät ist? Warten verschlimmert etwas oft nur.

Ich habe es in der Hand, etwas zu verändern.

Der Präsident und die Königin

Seit 2003 leben Bienen im Garten des Deutschen Bundespräsidenten, des obersten Staatsdieners. Präsident und Bienenkönigin scheinen sich gut zu verstehen. Beide stehen sie großen Völkern vor. Sie sind beide einzigartig und in der Ordnung „ganz oben". Es gibt immer nur einen Präsidenten im Land und nur eine Königin pro Bienenvolk. Ich bin versucht mir auszumalen, wie es sein könnte, wenn nach Dienstschluss Bundespräsident und Königin erschöpft noch auf ein Bier und Met zusammensitzen und sich austauschen:

„Was für ein Tag. Ich habe fast 300 Unterschriften geben müssen", resümiert der Präsident. Darauf sie: „Ich bin auch ganz müde. Ich habe heute über 1.500 Eier gelegt."

„Keinen Moment ist man allein. Ständig ist man umgeben von Referenten, Beratern und Sicherheitspersonal." Darauf die Bienenkönigin: „Die Arbeiterinnen meines Hofstaats, die sogenannten Ammenbienen, lassen mich auch keinen Augenblick aus den Augen. Sie putzen mich ständig, helfen mir bei der Eiablage und füttern mich. Ich bin nie allein!"

In der Regel genießt ein Präsident wie auch eine Königin ein hohes Ansehen. Sie beide wissen um ihre Bedeutung. Aber ihr Dienst ist mühsam: Es geht nicht darum, ihre eigenen persönlichen Ziele durchzusetzen, sie stehen vielmehr im Dienst einer größeren Idee, die sie sich nicht selbst ausgedacht haben, aber von der sie überzeugt sind und der sie vertrauen. Ihren Dienst werden Präsident und Königin nur dann verantwortungsvoll ausführen können, wenn sie sich persönlich stark zurücknehmen.

*

Der kirchliche Dienst hat eine ähnliche Struktur. Auch hier geht es um das gemeinsame Überzeugt-Sein von einem Auftrag, dem Sendungsauftrag Jesu, der größer ist als partikulare Interessen. Doch dieser Auftrag der Kirche ist keine Idee, sondern eine Person: Jesus Christus. Sein Leben und Wirken, seine Sendung sind das Programm des kirchlichen Dienstes. Und wer diesen tut, orientiert sich am Evangelium. Darin steht, wie Jesus mit Armen und Kranken, mit Mächtigen und Reichen, mit Verwandten und Freunden, mit Gescheiterten sowie Verbrechern und Betrügern umgegangen ist. Dabei hat sich Christus stets als Freund der Menschen erwiesen. Seine Botschaft ist die Einladung an alle, Wege der Versöhnung, des Heiles und Lebens zu gehen.

Der Dienst der Kirche ist immer ein Akt der Menschenfreundlichkeit.

Entscheidungs- und handlungsleitend für Christus als dem Wort Gottes, das Mensch geworden ist, ist die Menschenfreundlichkeit. Daher ist der Dienst der Kirche immer ein Akt der Menschenfreundlichkeit. Gestaltet dieser sich anders, ist er nicht mehr in der Intention des

Evangeliums Christi und gehört verändert oder abgeschafft, auch wenn das zu Konflikten führt.

Zu diesem Dienst gehört auch, dass sich Jesus einen Kreis von Vertrauten gesucht hat. Mit diesen Menschen hat er sein Leben und Dienen geteilt, also „mit-menschlich" gestaltet. Das Evangelium erzählt uns, wie er mit ihnen lebte, wie sie gemeinsam umherwanderten und die Botschaft vom Reich Gottes verkündeten. Wie sie sich darüber austauschten und wie er sich mit ihnen auch in die Einsamkeit zurückzog, um auszuruhen (vgl. Markus 6,31).

In den Bistümern und Gemeinden teilen die „ganz oben" ihre Handlungsmacht und Verantwortung mehr und mehr mit den Ehrenamtlichen, die Anteil an der Leitung der Kirche haben. Es wird immer selbstverständlicher, dass sie sich mit ihnen austauschen und Entscheidungsprozesse mit ihnen gemeinsam gestalten. Das entlastet und hilft den Verantwortlichen, den Blick zu weiten und Fehler zu vermeiden.

Ein Präsident und eine Königin brauchen Unterstützung erst recht. Hinter ihnen steht ein ganzer Apparat von Mitarbeitenden bzw. Arbeitsbienen, die sich die vielfältigsten Aufgaben teilen.

Geteilte Macht ist Gewaltenteilung und die schützt vor Machtmissbrauch. Gewaltenteilung ebnet den Weg, gute Entscheidungen zu treffen. So ist es effizienter wie auch einfacher, den Dienst in der Kirche zu gestalten oder in einem Volk Präsident oder Königin zu sein.

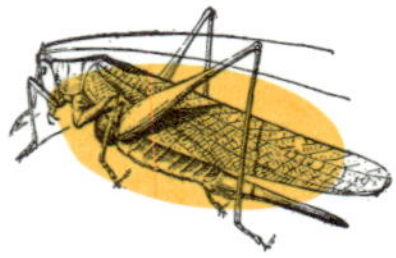

Eine politische Biene?

Waldemar Bonsels veröffentlichte 1912 das Kinderbuch „Die Biene Maja und ihre Abenteuer“. In mehr als 40 Sprachen wurde es bislang übersetzt. Eine Fortsetzung, die 1915 mit dem Titel „Himmelsvolk“ erschien, machte Bonsels in den 1920er-Jahren zu einem viel gelesenen Schriftsteller. In den 1970er-Jahren erschien die Geschichte der mutigen Biene dann als Zeichentrickserie im Fernsehen. Millionen waren bzw. sind seitdem von Maja begeistert.

Anlässlich des 100. Geburtstags der Biene Maja veranstaltete das Literaturhaus München 2011 zusammen mit der 1977 gegründeten Waldemar-Bonsels-Stiftung eine Tagung zum Thema *„100 Jahre Biene Maja – Waldemar Bonsels‘ Literatur und ihre Folgen“*. Durch die Berichterstattung über die Tagung rückte wieder einmal ins Bewusstsein: Der Erfinder der Bienengeschichte war ein Antisemit.

In einer Veröffentlichung behauptete Bonsels beispielsweise, dass das Judentum keinerlei Respekt vor dem deutschen Volk habe und wie „ein zehrendes Gift an der Unbefangenheit des deutschen Gemüts“[35] wirke. Im Laufe der Zeit freundete sich der einstige Schöpfer der Biene Maja mehr und mehr mit dem Gedankengut der Nationalsozialisten an und wurde Mitglied der Reichsschrifttumskammer. Bonsels erfuhr beispielsweise keinerlei Einschränkungen seiner schriftstellerischen Tätigkeit. Hitlers Propagandaminister Joseph Goebbels schickte ihm vielmehr sogar zum 60. Geburtstag einen persönlichen Gruß.[36]

Auch wenn das Kinderbuch weit vor der Machtergreifung der Nationalsozialisten erschien, Teile dieser Schrift klingen rassistisch. So wird der kleinen Biene beispielsweise gleich nach der Geburt beigebracht: „Die Wespen sind ein unnützes Räubergeschlecht ohne Heimat und Glauben."[37] Und im 16. Kapitel, am Schluss des Buches, geht es um einen noch schlimmeren Feind der Bienen: „... die Hornissen sind ein altes, kampfgewohntes Räubervolk, und Morden und Rauben sind ihnen längst zum grausigen Handwerk geworden."[38]

Im Ersten Weltkrieg nahmen Soldaten das Kinderbuch gerne mit in ihre Schützengräben. Statt Wespen und Hornissen waren es damals die Feinde Deutschlands, „ohne Heimat und Glauben", die es zu vernichten galt. Die Nationalsozialisten gaben den Wespen und Hornissen ebenfalls einen anderen Namen. Eine furchtbare Geschichte nahm von da an ihren Lauf.

Ist die Biene Maja nun verdorben? – Nein, das ist sie nicht. Nur sollten die Hintergründe und Gefahren bekannt sein, die mit diesem Buch verbunden sind. Das Buch von Waldemar Bonsels kann eine Anregung sein, sich – mit Blick auf die Geschichte des 20. Jahrhunderts – kritisch damit auseinanderzusetzen.

Eine Stelle – gleich am Anfang des Buchs – lohnt sich, weiter zu bedenken: Als Maja aus ihrer Wabe schlüpft, benötigt sie Hilfe. Das kommt auch im wirklichen Bienenleben vor. Eine Arbeiterin unterstützt die „Neugeborenen" beim Einleben in den Bienenstock. Im Roman ist es die ältere Bienendame Kassandra, die für die Erstversorgung zuständig ist. Sie ist es auch, die der jungen Biene das Regelwerk eines Bienenvolks beibringt:

„Jetzt merke genau auf alles, was ich dir sage, denn ich kann mich dir nur kurze Zeit widmen; es sind schon wieder neue ausgeschlüpft ... Die erste Regel, die eine junge Biene sich merken muss, ist, daß jede in allem, was sie denkt und tut, den anderen gleichen und an das Wohlergehn aller denken muß. Es ist bei der Staatsordnung, die wir seit undenkbar langer Zeit als die richtige erkannt haben und die sich auf das beste bewährt hat, die einzige Grundlage für das Wohl des Staates."[39]

Die junge Biene spürt sofort, dass sie dieses Leben nicht leben kann. Wenn alles, was sie denkt und tut, den anderen gleichen muss, hat sie keine Chance auf eine individuelle Entfaltung ihrer Persönlichkeit. Das macht auf Dauer unzufrieden. Und eine andauernde wie ungelöste Unzufriedenheit Einzelner überträgt sich irgendwann auf die ganze Gemeinschaft und wird sie letztlich gefährden.

Dieses herausfordernde Ringen zwischen Individualität und Gemeinschaft begleitet den gesamten Roman hindurch. Zunächst aber braucht die kleine Biene ausreichend Raum, um sich auszuprobieren.

Eine Gemeinschaft ist stark, wenn sie Individualität nicht bekämpft, sondern integriert. Bei ihrem ersten Ausflug wird Maja von einer älteren Biene begleitet und sogleich von ihr ermahnt: „Aber nun flieg langsamer, sonst bleibe ich zurück, und du kannst dir auch auf diese Art die Gegend nicht für den Rückweg merken."[40]

Eine Gemeinschaft ist stark, wenn sie Individualität nicht bekämpft, sondern integriert.

Aber die junge Biene will gar nicht in den dunklen Stock zurück. „Sie war in einem Rausch von Freude, Sonne und Daseinsglück. Ihr war, als glitte sie pfeilgeschwind durch ein grünleuchtendes Meer von Licht einer immer größeren Herrlichkeit entgegen. Die bunten Blumen schienen sie zu rufen, die stillen, beschienenen Fernen locken sie und der blaue Himmel segnete ihren jauchzenden Jugendflug. So schön wird es nie mehr, wie es heute ist, dachte sie, ich kann nicht umkehren, ich kann an nichts denken als an die Sonne."[41]

Maja wird später, das wissen alle, die die Geschichte kennen, umkehren und sie wird an noch ganz andere Dinge denken müssen als an die Sonne. Schmerzhafte Erfahrungen wird sie machen. Ihre Erlebnisse und Kontakte, die sie außerhalb des Bienenstocks knüpfen konnte, werden ihr aber sehr nützlich sein. Eines Tages wird sie sogar ihr Volk retten.

*

Gleichförmigkeit und Gleichmacherei machen eine Gemeinschaft nicht stark. Sie wird nur überleben können, wenn sie Vertrauen in ihre Individuen hat und ihnen Freiräume zur persönlichen Entwicklung und Entfaltung bietet. Das ist eine der Botschaften, die das Buch „Die Biene Maja" vermittelt.

Die Frage nach dem Verhältnis von Individualität und Gemeinschaft muss auch in einem Kirchenvolk beantwortet werden. Es überlebt nicht, wenn von „den Oberen" nur Gleichförmigkeit und Gleichmacherei gefordert werden – oder „business as usual", besser bekannt unter dem deutsch-kirchlichen Slogan: „Das haben wir schon immer so gemacht!"

Kirche lebt davon, dass sie Türen öffnet, willkommen heißt, Freiheit lebt und neue Ideen nicht als Bedrohung, sondern Inspiration begreift. Die Biene Maja ist jedenfalls weit mehr als eine Zeichentrickfigur, die mit einer schwerfälligen Drohne namens Willi über Blumenwiesen fliegt. Sie ist politisch.

Wie ein Honigkuchenpferd

Honig hat zunächst einmal nichts mit einem Grinsen zu tun. Zwar geht uns morgens ein Lächeln übers Gesicht, wenn wir ein frisches Brötchen mit Honig beim Frühstück genießen. Doch Honig herzustellen ist für Bienen anspruchsvoll und erfordert ein hohes Maß an Kraft und Ausdauer. Für ein Kilogramm Honig muss eine Biene nämlich circa drei Kilogramm Nektar sammeln. Das entspricht ungefähr 60.000 Honigblasenfüllungen; und um ihre Honigblase (0,05 Milliliter Volumen) nur einmal zu füllen, kann es sein, dass sie bei Trockenheit bis zu 100 Blüten anfliegen muss. Unzählige Blütenbesuche stecken also in jedem Glas Honig. Und für die kleine Portion Honig auf der erwähnten Brötchenhälfte sind circa 3.000 Kilometer geflogen worden.[42]

Honigkuchen wiederum hat etwas mit einem Grinsen zu tun. Dieses andere Wort für Lebkuchen kommt zunächst daher, dass Lebkuchen eben traditionell mit Honig gesüßt wird. Dass dieser aber in Verbindung gebracht wurde mit einem Pferd, ist den früheren Weihnachts- und Jahrmärkten geschuldet, wo gern Honigkuchen in Form von Pferden zum Verkauf angeboten wurde. Natürlich sollten es freundliche Pferde sein. Also verzierte man sie mittels Zuckergusses mit einem schmalen Lächeln, das allerdings als wenig herzlich und fröhlich wahrgenommen wurde, sondern eher als ein Dauergrinsen. Und wer dauernd grinst, der wirkt sehr stupide und ausdruckslos. Die Redewendung

„Du strahlst bzw. du grinst wie ein Honigkuchenpferd" ist also kein Kompliment und bezeichnet heutzutage einen einfältigen, antriebslosen Menschen.

Um es mal ganz praktisch werden zu lassen, folgt hier nun ein Rezept für Honigkuchen. Ich habe es in einem Buch gefunden mit folgender Ankündigung und anschließender Anleitung: *„Wie vielfältig und wie bedeutsam Honig sein kann, habe ich erst in den großen Wäldern und Wildnissen Ostpolens erfahren. [...] In Sejny habe ich richtigen Honigkuchen kennengelernt. Meine Wirtin Hanna stellte ihn auf den Frühstückstisch, zu Wurst und Käse. ‚Der Rest von Weihnachten', sagte sie lachend. Es war Mai, und er war saftig und roch himmlisch. Das Rezept stammt aus dem Kochbuch von Hannas Urgroßmutter Janka. Damals lebte die Familie noch in Wilno, der polnisch-jüdischen Stadt, die heute litauisch ist und Vilnius heißt. Ich zitiere Hannas Übersetzung:*

Zutaten:

2 Gläser Honig
2 Gläser Zucker
15 Dag Butter
4 Eier
1 Kilo Mehl
2 Päckchen Gewürzmischung für Pfefferkuchen
1 Teelöffel Soda
2 Esslöffel Kakao

Man nehme vorerst den Zucker und den Honig, tue es in einen hohen Topf und bräune sie langsam, bis es schön riecht. In die kochende Flüssigkeit vorsichtig zwei Glas kalte Milch eingießen und von der Kochplatte wegtun. Dazu die Butter geben und stehen lassen, bis es kalt wird. Dann alle anderen Zutaten hinzufügen.

> Zum Schluss 1 Esslöffel Olivenöl und Backobst, Rosinen, Nüsse, Mandeln, klein geschnitten. Eine Stunde bei 180 Grad backen." (1 Glas = 250 Milliliter, 1 Dag = 10 Gramm)[43]

Hinter dem Honigkuchenpferd steht also viel mehr als nur ein Grinsen. Honigkuchen ist ein haltbares Lebensmittel aus wertvollen Rohstoffen. Es hat eine uralte Backkulturgeschichte, die bis in biblische Zeiten hineinreicht. Als das Volk Israel nämlich nach der ägyptischen Gefangenschaft auf seiner großen Reise durch die Wüste, dem Exodus, hungrig wurde, versorgte Gott es mit „Manna". Der Name bedeutet übersetzt: *„Was ist das?" Weil die Israeliten nicht genau wussten, was hinter dieser Speise wohl steckte.*" Aber sie war nahrhaft und sie schmeckte. Das Manna *„war weiß wie Koriandersamen und schmeckte wie Honigkuchen*" (Exodus 16,31). Gestärkt durch diese Speise konnten die Israeliten ihren Weg fortsetzen. Gott ernährt also nicht nur sein Volk, er sorgt auch dafür, dass es schmeckt, und zwar so gut wie Honigkuchen.

Gott ernährt nicht nur, er sorgt auch dafür, dass es schmeckt.

Dass Glauben etwas mit gutem Geschmack und Genuss zu tun hat, wusste auch schon der Psalmist: *„Gott, wie köstlich ist deine Huld! Menschen bergen sich im Schatten deiner Flügel, sie laben sich am Reichtum deines Hauses; du tränkst sie mit dem Strom deiner Wonnen*" (Psalm 36,8f.).

Die Bienen und die Alten

„Wie alt muss man werden, um zu erkennen, dass die Beschäftigung mit sich selbst … nichts abwirft, wovon man leben kann?“[44]

Diese Worte schrieb der damals 70-jährige Theologe Fulbert Steffensky und er ergänzte: *„Erwachsenwerden und Altwerden heißt, sich eingestehen können, dass man selbst und aus sich heraus nicht so viel hat, wovon man sich ernähren kann. Die Hoffnung, die wir aus uns selbst schöpfen, ist zu gering. Der Mut, den wir alleine aufbringen, reicht nicht. Die Träume unseres eigenen Herzens sind zu banal und zu kurzfristig. Wir sind Bettler. Wir können uns nicht alleine ernähren, trösten und ermutigen.“*

Es gibt sie, die Alten, die sich als Ruheständler fragen, ob sie nicht doch noch, wo sie ja jetzt mehr Zeit haben, mit der Imkerei beginnen sollten. Diesem Ansinnen geht oft ein langer Prozess voraus. Manche haben während ihres aktiven Berufslebens schon häufiger darüber nachgedacht, sich der Imkerei zuzuwenden, so wie es vielleicht schon ein anderes Familienmitglied oder ein guter Bekannter in der Vergangenheit tat. Ihre Erinnerungen daran sind noch immer sehr präsent. Aber es hat stets Gründe gegeben, es nicht zu tun. Entweder hatte es an den Anschaffungskosten gelegen, die schnell zwischen 2.000 und 3.000 Euro liegen können, oder vielleicht fand sich bislang auch kein geeigneter Ort, die Bienenstöcke aufzustellen.

Vielleicht scheiterte es auch an anderen Voraussetzungen: Denn anfangs sollte durchaus ein erfahrener Imker in der Nähe greifbar sein, der bei den ersten Schritten unterstützt. Einen Lehrgang zu besuchen, ist ohnehin empfehlenswert. Dazu gehören bekanntlich viele Termine, meist an einem anderen Ort, die wahrzunehmen sind. Vielleicht ist das alles früher mit der alltäglichen Belastung durch den Beruf nicht leistbar gewesen. Doch jetzt im Rentenalter, wo die Kinder aus dem Haus sind und schlichtweg mehr Zeit vorhanden ist, stellt sich die Frage neu: Soll ich es nicht doch versuchen?

Ein Argument gegen die Imkerei im Alter gilt es dennoch zu beachten und zu prüfen: „Habe ich genug Kraft, Verantwortung für ein Bienenvolk zu übernehmen?"

Tatsächlich ist Imkern körperlich eine anspruchsvolle Arbeit. Es kann sein, dass durch eine schwere Erkrankung oder Einschränkung im Alter die Imkerarbeit für ein Bienenvolk nicht mehr übernommen werden kann. Aber diese körperlichen Einschränkungen müssen schon erheblich sein, denn schließlich gibt es ja eine Menge Geräte, die beim Arbeiten mit den Bienen helfen, und die beste Unterstützung ist eine Imkergemeinschaft.

Wer bei den Bienen ist, ist nicht mehr nur bei sich selbst.

Durch meine beruflichen Verpflichtungen bin auch ich auf Hilfe angewiesen. Meine Imkerei betreibe ich gemeinsam mit einem pensionierten Berufsschullehrer, der mir nicht nur den artgerechten Umgang mit den Bienen beibrachte, sondern mir auch zur Seite steht, wenn ich auf Probleme stoße oder Hilfe bei den Völkern brauche.

Die Botschaft lautet also: Wer beim Imkern nicht allein ist, kann selbst im Alter getrost noch Verantwortung für Bienenstöcke übernehmen. Oder um es mit den Worten des Theologen Steffensky auszudrücken: Wir können, ja dürfen, uns im Alter nicht nur mit uns selbst beschäftigen. Bienen, das weiß ich aus eigener Erfahrung, können einen da wunderbar aus dem Kreislauf der immer wieder gedachten Gedanken herausreißen und einen über das Jahr erleben lassen, wie neues Leben entsteht und wächst.

Außerdem ist der Imkerdienst zutiefst sinnvoll. Er ist ein wesentlicher Beitrag zum Naturschutz und durch den Verkauf des gewonnenen Honigs können beispielsweise soziale Projekte der Kirchenarbeit unterstützt werden. Das tut nicht nur den Empfängern gut, sondern auch dem, der helfen konnte. Seine Seele wird genährt, ermutigt und getröstet.

Wer bei den Bienen ist, ist also nicht mehr nur bei sich selbst. Er ist bei Menschen, denen er etwas geben kann, und er ist mitten in der Natur. Das ist im Alter ein Segen!

Die Zehn Stockgebote

Das Leben einer Sommerhonigbiene ist kurz. Nur vier bis sechs Wochen währt es. Da bleibt nicht viel Zeit, um zur Schule zu gehen. Die Biene muss ganz schnell wissen, worauf es in ihrem kurzen, aber sehr aktiven Leben ankommt. Wären da nicht Leitsätze hilfreich, um einer Biene in alle Kürze den Sinn ihres Daseins zu erschließen?

Für gläubige Menschen gibt es als prägnante Lebens- und Glaubenshilfe die Zehn Gebote. Nach dem Zeugnis der Bibel empfing sie Mose von Gott auf dem Berg Sinai. Für das Judentum gehören die Zehn Gebote zum Zentrum ihres Glaubens, für das Christentum bilden sie zusammen mit den Seligpreisungen die Grundlage der christlichen Ethik. Aus meinen Erfahrungen mit den Bienen würden sich die zehn Gebote für das Leben im Bienenstock so darstellen:

1. Du sollst vertrauen

Dein Leben ist voller wechselnder und wichtiger Aufgaben. Es wird dir nie langweilig und immer wird jemand an deiner Seite sein. Was du nicht sammelst, wird jemand anders finden und du wirst finden, was andere übersehen. Vertraue darauf und dein Leben wird gelingen.

2. Du sollst fliegen

Deine Flügel zeigen dir deine Bestimmung. Du sollst fliegen. Fliege nie ziellos, sonst gerätst du in Gefahr. Lass dir nichts Queres einreden, sondern lass dich führen durch das Geheimnis der Farben und den Duft der Blumen. Du wirst sie erkennen.

3. Lebe nicht für dich allein

Wenn du Nektar oder Pollen sammelst, tust du das nie für dich allein. Die Königin, die Brut und auch die Drohnen können nicht sammeln. Sie leben von deinem Dienst. Aber du lebst auch von ihnen! Ohne ihren Dienst gäbe es bald keine Brut mehr, das Volk würde aussterben. Dein Dienst ist ein Dienst für alle. Nur gemeinsames Leben gelingt.

Alle finden wieder Schutz, wenn sie in die Mitte des Volkes zurückkommen.

4. Tanze deine Botschaft

Deine Sprache ist der Tanz. Wenn du etwas Wertvolles entdeckt hast, etwa eine besondere Nahrungsquelle, dann kehrst du zurück und tanzt so, dass alle den Weg zu den guten Quellen finden. Viele Bienen kommen zurück und tanzen ihre Botschaft. Tanze so, dass du verstanden wirst.

5. Sei wachsam

Eine deiner Aufgaben wird der Wächterdienst sein. Du hast das Recht, dich von denen abzugrenzen, die dir und deiner Gemeinschaft schaden wollen.

6. Du sollst bauen

Aus deinen Drüsen wirst du Wachs herstellen. Du kannst das. Anschließend verarbeitet du es zu Bienenwaben. Es müssen genügend Waben vorhanden sein. Hier wird die neue Brut gewonnen und der Honig gespeichert. Nur dann, wenn alle – auch du – bauen, wird es einen lebendigen Bienenstock geben.

7. Kenne deine Herkunft

Kurz nach dem Schlüpfen wirst du dich mit anderen frischgeschlüpften Bienen für einige Minuten vor dem Bienenstock einfliegen. Dabei prägst du dir genau den Standort ein. Das wird dir helfen, niemals deine Herkunft zu vergessen und als Flugbiene immer den Weg nach Hause zu finden.

8. Schätze die Verborgenheit

Dein Dienst besteht nicht nur aus Öffentlichkeit, Sonnenlicht und dem Sammeln süßer Säfte. Anfangen wirst du im Dunklen mit der Stockpflege, dann hilfst du bei der Aufzucht der Brut und beim Wabenbau. Du tust das alles im Verborgenen, und es hilft deinem Volk zu überleben. Erst am Ende deines Lebens, wenn du genug Erfahrungen mit dir selbst und anderen gesammelt hast, verlässt du allein den Stock, um Nahrung zu sammeln.

9. Sorge für frischen Wind

Wenn es an einem Sommertag richtig heiß geworden ist, besteht die Gefahr, dass es im Stock zu warm wird und das Wachs zu schmelzen beginnt. Das gefährdet das Volk und muss sofort verhindert werden. Es gelingt dadurch, dass du am Flugloch mit anderen Bienen durch den gemeinsamen Flügelschlag kühle Luft in den Stock bringst. Durch die Luftbewegung führt ihr lähmende und gefährliche Hitze aus dem Stock.

10. Riskiere dich und lass dich beschützen

Im Winter müssen die Bienen besonders zusammenhalten. Bedrohliche Kälte umgibt den Stock. Daher bilden Bienen in der Stockmitte eine Wintertraube, darin halten sie ihre Königin warm. Dazu nehmen sie Honig auf und haben so ausreichend Energie, um mit dem Bewegen ihrer Flügel, Wärme herzustellen. Die Bienen am Außenrand der Traube können dennoch so auskühlen, dass sie erstarren und tot von der Traube fallen. Bevor das passiert, kehrst du in die Mitte der Traube zum Aufwärmen zurück. Der Dienst außen an der Bienentraube ist ein Risiko. Da die Bienen in der Traube rotieren, riskieren sich alle und können erfrieren. Das kann dir auch passieren. Aber alle finden wieder Schutz, wenn sie in die Mitte des Volkes zurückkommen und sich aufwärmen können.

Die zehn Gebote der Bienen ersetzen nicht die Gebote, die Mose vom Herrn empfangen hat. Aber es wäre zumindest einen Versuch wert, neben den göttlichen Geboten auch die Stockgebote auf den einen oder anderen Bereich des menschlichen Zusammenlebens zu übertragen. Die Bienen kennen offensichtlich ihre Gebote. Sonst würden nicht 3.000 kälteempfindliche Individuen und eine Königin einen langen Winter überstehen.

Ein Gebet

„Im kleinsten deiner Geschöpfe"

Zum Abschluss seiner Enzyklika „Laudato si"[45] hat Papst Franziskus ein Gebet formuliert, „dass wir mit allen teilen können, die an einen Gott glauben, der allmächtiger Schöpfer ist". Es ist ein Gebet, das bewusst die Grenzen von Konfessionen und Religionen überschreitet und die gottgläubigen Gerechten der Völker sucht, denn *„viel vermag das inständige Gebet eines Gerechten"* (Jakobus 5,16).

„Viel vermag das inständige Gebet eines Gerechten."

Möge dieses Gebet Menschen auf der ganzen Erde in ihrem Anliegen verbinden, die Natur als Gottes gute Schöpfung zu erkennen, sie zu schützen und zu bewahren. Möge das Gebet der Gerechten dazu beitragen, dass auch zukünftige Generationen auf dieser Welt würdig und recht lieben, leben und arbeiten können.

Allmächtiger Gott,
der du in der Weite des Alls gegenwärtig bist
und im kleinsten deiner Geschöpfe,
der du alles, was existiert, mit deiner Zärtlichkeit umschließt,
gieße in uns die Kraft deiner Liebe ein, damit wir das
Leben und die Schönheit hüten. Überflute uns mit
Frieden, damit wir als Brüder und Schwestern leben
und niemandem schaden.

Gott der Armen,
hilf uns, die Verlassenen und Vergessenen dieser Erde,
die so wertvoll sind in deinen Augen, zu retten.
Heile unser Leben, damit wir Beschützer
der Welt sind und nicht Räuber,
damit wir Schönheit säen und nicht
Verseuchung und nicht Zerstreuung.
Rühre die Herzen derer an,
die nur Gewinn suchen auf Kosten der Armen der Erde.

Lehre uns,
den Wert von allen Dingen zu entdecken
und voll Bewunderung zu betrachten;
zu erkennen, dass wir zutiefst verbunden sind mit allen
Geschöpfen auf dem Weg zu deinem unendlichen Licht.
Danke, dass du alle Tage bei uns bist. Ermutige uns bitte
in unserem Kampf für Gerechtigkeit und Frieden.[46]

Nachwort

Die Zeit wird reichen

Die Zukunftsperspektiven dieser Erde klingen nicht gut. Die Wissenschaftler ermahnen die Verantwortlichen in Politik und Gesellschaft, unverzüglich Schritte einzuleiten, den voranschreitenden Klimawandel zu stoppen. Die Erderwärmung führt bereits zu katastrophalen Unwettern mit verheerenden Überschwemmungen und lang andauernden Dürren. Wüsten breiten sich aus, die Wasserstände der Weltmeere steigen an, Städte und ganze Völker in Küstennähe sind bedroht.

Im Buch des Propheten Jesaja sind folgende Wort zu lesen: „*Verheert wird die Erde, verheert, geplündert wird sie, geplündert... Die Erde welkt, sie verwelkt, die Welt verkümmert... Der Most ist vertrocknet, der Weinstock verkümmert, es seufzen alle, die freudigen Herzens waren*“ (Jesaja 24,3ff.).

Dachte Jesus Christus vielleicht an diese dramatischen Jesaja-Worte, als er die folgende apokalyptische Ankündigung machte? „*Denn es wird dann eine große Drangsal sein, wie es sie nie gegeben hat, vom Anfang der Welt bis heute, und wie es auch keine mehr geben wird (...) Sofort nach den Tagen der großen Drangsal wird die Sonne verfinstert werden und der Mond wird nicht mehr scheinen; die Sterne werden vom Himmel fallen und die Kräfte des Himmels werden erschüttert werden (...) dann werden alle Völker der Erde wehklagen*“ (Matthäus 24,21ff.).

Selbst ein geübter Imker muss damit leben, dass seine Bienenstöcke Gefahren ausgesetzt sind und Völker vergehen. Es kann vorkommen, dass er bei einer ersten Durchsicht der Bienenstöcke nach dem Winter feststellt, dass Völker, die im Sommer noch stark und agil waren, vergangen sind. Er öffnet den Bienenstock und schaut in einen kalten Kasten mit toten Bienen. Schimmel hat sich gebildet, es riecht nach Fäulnis. Er öffnet einen weiteren Bienenstock und sieht das gleiche Bild. Das Ende der Völker, imkerliche Apokalypse!

Ich weiß nicht, wie sich diese Welt mit ihren Völkern weiterentwickeln wird. Das wachsende Bewusstsein für einen besseren Umgang mit der Schöpfung stimmt mich hoffnungsvoll. Aber wird es ausreichen? Hat nicht die Umweltbelastung bereits ein solches Ausmaß erreicht, dass sich Teile der biblischen Apokalypse schon jetzt nachweisen lassen („Die Erde welkt")? Wie wird die Zukunft sein?

Es gibt ein Wort von Joseph Ratzinger, ehemals Papst Benedikt XVI., über die Zukunft. Er nennt diese Zukunft Ewigkeit, weil es eine von Gott geprägte Zukunft ist. Ratzinger schreibt: *„Der Mensch braucht die Ewigkeit, jede andere Hoffnung ist für ihn zu kurz … Von einer Zukunft, die nur Zukunft und überhaupt nicht Gegenwart ist, hat der Mensch nichts; sie zu erwarten wird jeden Tag zu lang. Eine Gegenwart, die nur Gegenwart ist und hinter der nichts kommt, ist hoffnungslos. Das Nichts, das nach ihr kommt, laugt die Gegenwart aus und macht sie unerträglich. Nur die Ewigkeit kann Gegenwart und Zukunft vereinen."*[47]

Mir hilft dieser Hinweis auf die Ewigkeit sehr. Wo ich Gegenwart und Zukunft zusammen denke und ich weder das eine noch das andere vernachlässige, geht es nicht um das Ende, sondern um die Ewigkeit. Die Ewigkeit schenkt mir die Gewissheit, dass die Zeit wohl drängt, aber sie kann uns nicht mehr weglaufen. Die Ewigkeit wird die Zeit immer einholen. Gegenwart und Zukunft dieser Erde liegen in Menschenhand, aber die vielen Hände der Menschen liegen geborgen in Gottes Hand.

Und die Bienen? Wenn ich ihr konzentriertes Tun beobachte und ihren Drang, immer neue Völker zu schaffen, beobachte ich bei ihnen keine Zweifel, keine Trauer oder Depression. Ihr ungebremstes Hin- und Her-Fliegen an schönen Sommertagen zeigt keine Spur von Zukunftsangst. *„Lernt etwas aus dem Vergleich mit dem Feigenbaum"*, sagt Jesus (Matthäus 24,32). Ich habe aus dem Vergleich mit den Bienen Folgendes gelernt: Lebe, sammle, baue, tanze und mache das alles mit großer Zuversicht und nie für dich allein.

Lebe, sammle, baue, tanze und mache das alles mit großer Zuversicht und nie für dich allein.

„Denn auch sie, die Schöpfung, soll von der Knechtschaft der Vergänglichkeit befreit werden zur Freiheit und Herrlichkeit der Kinder Gottes" (Römer 8,21), sagt die Heilige Schrift. Die Rettung kommt. Die Zeit wird reichen, wenn wir aus dem Geheimnis der Ewigkeit leben und das im Namen des Vaters und des Sohnes und des Heiligen Geistes.

Danksagung

Der Tischlermeister Wilhelm Sand in Halen bei Osnabrück hatte sich beim Sägen zwei Fingerkuppen verletzt. Schnell fährt er mit dem Fahrrad zum Arzt, der seine Wunden mit Salben und Verbänden behandelt. Ein Imker aber rät ihm, den Verband wieder abzunehmen und die verletzten Stellen mit Honig zu bestreichen. Genauso macht es Wilhelm. Nach einiger Zeit geht er wieder zum Arzt, der sich die verletzten Finger anschaut und hocherfreut ausruft: „Gut verheilt." „Aober nich fan dine salben", dachte Wilhelm, als er seinen Hut nahm und zur Tür ging.[48]

Es ist immer gut, einen Imker zu kennen und sich mit ihm auszutauschen. Der Imker, der mir zur Seite steht, heißt Harald Emmerich. Ihm verdanke ich meine Begeisterung für die Bienen und zahlreiche gute und ergiebige Honigernten. Ich bin dankbar, dass meine Bienenvölker im Garten des Osnabrücker Priesterseminars stehen dürfen. Seitdem tragen die Obstbäume dort und in der Umgebung wieder mehr Früchte.

Quellenverzeichnis

1 Aus: Imkerverein Osnabrück und Umgebung von 1862, Beiträge zur Geschichte und Gegenwart anläßlich des 125-jährigen Bestehens, Selbstverlag des Vereins, 1987, S. 8.

2 vgl. DIE WELT, *www.welt.de* (17.7.2015): „Sterben die Bienen, sterben auch die Menschen". In dem Artikel wird das Fachmagazin „The Lancet" der Hochschule für Gesundheit in Bosten zitiert. *https://www.welt.de/wissenschaft/umwelt/article144151778/Sterben-die-Bienen-aus-sterben-auch-Menschen.html*

3 Papst Johannes Paul II., Generalaudienz vom 30.1.2002, *https://www.vatican.va/content/john-paul-ii/de/audiences/2002/documents/hf_jp-ii_aud_20020130.html.*

4 Ebd.

5 Gotteslob – katholisches Gebet- und Gesangbuch, Ausgabe für die (Erz-) Bistümer Hamburg, Hildesheim und Osnabrück, hrsg. von den Bischöfen Deutschlands und Österreichs und dem Bischof von Bozen-Brixen, Verlag Katholisches Bibelwerk GmbH, Stuttgart 2013, S. 1164f.

6 Voskuhl, J./Zucchi: „Wildbienen in der Stadt Osnabrück – entdecken, verstehen, schützen", Stadt Osnabrück, 2018.

7 Gotteslob, a.a.O., S. 658f.

8 a.a.O., S. 734

9 a.a.O., S. 56.

10 Mayr, Erika: „Die Stadtbienen – Eine Großstadt-Imkerin erzählt", Knaur Verlag, München, 2012, S. 177.

11 vgl. „Wachszinsige“, Mittelalterlexikon, *https://www.mittelalter-Lexikon.de/Windes.php?title=Wachszinsige&oldid=39234*

12 siehe auch: *www.die-lichterzieher.de*

13 Schipperges, Heinrich: „Hildegard von Bingen“, Verlag C. H. Beck, München 1995, S.7.

14 Berndt SJ, Rainer: „Hildegard von Bingen: Heilige und Kirchenlehrerin“, Arbeitshilfe 258 der Deutschen Bischofskonferenz, S. 21. *https://www.dbk-shop.de/media/files_public/33946bcb3908c1ed206ba0548e9d1ed2/DBK_5258.pdf*

15 a.a.O., S. 33.

16 Gutjahr OSB, Hiltrud: „Nächstenliebe und Mystik – Elisabeth, Mechthild und andere heilige Frauen“, Bonifatius Verlag, Paderborn, 2006, S. 99.

17 Schipperges, a.a.O., S. 67.

18 a.a.O., S. 68.

19 a.a.O., S. 75.

20 vgl. Herbathek.com: „Die Bärwurz-Birnhonig-Kur nach Hildegard von Bingen“, *https://www.herbathek.com/blog/die-baerwurz-birnhonig-kur-nach-hildegard-von-bingen/*

21 „Die Andernacher Bäckersjungen“, entnommen aus „Rheinsagen“ von Karl Simrock, abgerufen unter: *https://www.projekt-gutenberg.org/simrock/rheinsag/rheinsag.html*

22 aus: Messbuch der kath. Kirche.

23 Seeley, Thomas D.: „Bienendemokratie – Wie Bienen entscheiden und was wir davon lernen können“, S. Fischer Verlag, Frankfurt, 2014, S. 129f.

24 Papst Franziskus, Enzyklika „Laudato si’“, 24.5.2015, Nr. 170, *https://www.vatican.va/content/francesco/de/encyclicals/documents/papa-francesco_20150524_enciclica-laudato-si.html*

25 Deutsche Bischofskonferenz: „Katholische Kirche in Deutschland, Zahlen und Fakten 2020/21", *https://www.dbk.de/fileadmin/redaktion/Zahlen%20und%20Fakten/Kirchliche%20Statistik/Allgemein_-_Zahlen_und_Fakten/AH-325_DBK_BRO_ZuF_2020-2021_Ansicht.pdf*

26 Messbuch der katholischen Kirche.

27 vgl. DIE ZEIT, www.zeit-online.de (25. Juli 2021): „Russland wird glücklich sein" von Alexej Nawalny, *https://www.zeit.de/2021/30/russland-alexej-nawalny-opposition-straflager-demokratie*

28 Tautz, Jürgen: „Phänomen Honigbiene", Springer-Verlag, Heidelberg, 2007, S. 205 ff.

29 vgl. Museum für Naturkunde, Berlin: „Wie aus fleischfressenden Wespen vegetarische Bienen wurden", *https://www.museumfuernaturkunde.berlin/de/presse/wie-aus-fleischfressenden-wespen-vegetarische-bienen-wurden*

30 Evangelische Kirche in Deutschland, 26.9.2019: „EKD-Text fordert Rückkehr zum Sonntagsbraten", *„https://www.ekd.de/nutztier-mitgeschoepf-tierwohl-fleischkonsum-veggie-50042.htm*

31 vgl. EKD-Texte 133, „Nutztier und Mitgeschöpf", *https://www.ekd.de/ekd_de/ds_doc/ekd_texte_133_2019.pdf*

32 Lorscher Bienensegen, *https://de.wikipedia.org/wiki/Lorscher_Bienensegen*

33 Lunde, Maja: „Die Geschichte der Bienen", btb Verlag in der Verlagsgruppe Random House, München, 2015, S. 7ff.

34 vgl. Deutscher Imkerbund, *www.deutscherimkerbund.de*

35 Viel, Bernhard: „Der Honigsammler", Matthes & Seitz, Berlin, 2015, S. 353.

36 Deutschlandfunk „Kultur Heute", Sendung vom 24.1.2016, von Anja Hirsch, *https://www.deutschlandfunk.de/biografie-waldemar-bonsels-das-weltbild-von-biene-majas-100.html*

37 Bonsels, Waldemar: „Die Biene Maja und ihre Abenteuer“, © 1912, 1990, 2007 und 2012 Deutsche Verlags-Anstalt in der Penguin Random House Verlagsgruppe, München, 2018, S. 11.

38 a.a.O., S. 114.

39 a.a.O., S. 9–10.

40 a.a.O., S. 14.

41 Ebd.

42 Vgl. Informationsportal um die Biene, *https://propolis-honig.de/category/bienen-natur-umwelt/*

43 Lachauer, Ulla: „Von Bienen und Menschen: eine Reise durch Europa“, © 2018, Rowohlt Verlag GmbH, Hamburg, S. 13ff.

44 Steffensky, Fulbert: „Feier des Lebens – Spiritualität im Alltag“, Herder, Freiburg, 2012, S. 31ff.

45 Papst Franziskus, Enzyklika „Laudato si’“, 24.5.2015, *https://www.vatican.va/content/francesco/de/encyclicals/documents/papa-francesco_20150524_enciclica-laudato-si.html*

46 Ebd.

47 Joseph Kardinal Ratzinger: „Berührt vom Unsichtbaren“, Jahreslesebuch, Herder, Freiburg, 2000, S. 247.

48 Wiedergegeben nach: Mitteilung v. Herrn W. Sand, Halen b. Osnabrück, in: E. H. Segschneider: „Imkerei des Osnabrücker Landes und benachbarter Gebiete“, Schriften des Kulturgeschichtlichen Museums Osnabrück, 1977, S. 80.

Der Verlag weist ausdrücklich darauf hin, dass bei Links im Buch zum Zeitpunkt der Linksetzung keine illegalen Inhalte auf den verlinkten Seiten erkennbar waren. Auf die aktuelle und zukünftige Gestaltung, die Inhalte oder die Urheberschaft der verlinkten Seiten hat der Verlag keinerlei Einfluss. Deshalb distanziert sich der Verlag hiermit ausdrücklich von allen Inhalten der verlinkten Seiten, die nach der Linksetzung verändert wurden, und übernimmt für diese keine Haftung. Alle Internetlinks zuletzt abgerufen am 24.1.2022.

Bibliografische Information der Deutschen Nationalbibliothek:
Die Deutsche Nationalbibliothek verzeichnet diese Publikation
in der Deutschen Nationalbibliografie; detaillierte bibliografische
Daten sind im Internet über http://dnb.d-nb.de abrufbar.

Klimaneutrale Produktion.

MIX
Papier aus verantwortungsvollen Quellen
FSC® C083411

Gedruckt auf umweltfreundlichem, chlorfrei gebleichtem Papier.

Umschlaggestaltung:
Weiss Werkstatt München, werkstattmuenchen.com
Umschlagabbildungen:
© shutterstock/Bodor Tivadar; © shutterstock/IADA

Innengestaltung u. Satz:
Daniel Eschner, spoondesign.de
Illustrationen unter Verwendung von shutterstock.com

Druck und Bindung: CPI books GmbH, Leck
Printed in Germany

ISBN 978-3-89710-916-2

Weitere Informationen zum Verlag:
www.bonifatius-verlag.de